Caio Feijó

A SEXUALIDADE
E O USO DE DROGAS
NA ADOLESCÊNCIA

O papel da família e da escola
na prevenção das DST,
gravidez na adolescência e uso de drogas

São Paulo / 2007

Copyright © 2007 by Caio Feijó

DIREÇÃO GERAL Nilda Campos Vasconcelos
SUPERVISÃO EDITORIAL Silvia Segóvia
EDITORAÇÃO ELETRÔNICA Breno Henrique
CAPA Diego Cortez
REVISÃO Ruy Cintra Paiva
Vera Lucia Quintanilha

Dados Internacionais de Catalogação na Publicação (CIP)
(Câmara Brasileira do Livro, SP, Brasil)

Feijó, Caio
A sexualidade e o uso de drogas na adolescência: o papel da família e da escola na prevenção das DST, gravidez na adolescência e o uso de drogas / Caio Feijó - Ed. rev. e ampl. -- Osasco, SP: Novo Século Editora, 2007

1. Adolescentes - Comportamento sexual 2. Auto-ajuda - Técnicas 3. Drogas - Abuso. 4 - Uso de drogas I. Título. II. Título: O papel da família e da escola na prevenção das DST, gravidez na adolescência e uso de drogas.

07-5215　　　　　　　　　　　　　　　　　　　　　　　　　　CDD- 155.5

Índice para catálogo sistemático:
1. Adolescentes: Sexualidade: Psicologia
155.5
2. Adolescentes: Uso de drogas: Psicologia
155.5

2010
IMPRESSO NO BRASIL
PRINTED IN BRAZIL
DIREITOS CEDIDOS PARA ESTA EDIÇÃO À
NOVO SÉCULO EDITORA.
Rua Aurora Soares Barbosa, 405 – 2º andar
CEP 06023-010 – Osasco – SP
Tel.: (11) 3699-7107 – Fax: (11) 3699-7323
www.novoseculo.com.br
atendimento@novoseculo.com.br

Agradecimentos

À minha família, amigos, professores e alunos, o meu agradecimento pela confiança, apoio e paciência. Principalmente aos meus filhos pelo orgulho de sempre tê-los livres dos vícios e sexualmente equilibrados e saudáveis.

Aos meus pacientes e seus respectivos familiares envolvidos nos processos terapêuticos que, sofrendo as terríveis conseqüências dos Transtornos Sexuais, Dependências Químicas, AIDS e tantos outros distúrbios paralelos, me proporcionaram o aprendizado que fundamenta o aspecto social desta obra. Um aprendizado impossível de ser adquirido na literatura científica, um aprendizado de experiências vivenciadas nas sessões terapêuticas desses anos todos, representado pelas emoções e reações humanas de vitórias e derrotas também impossíveis de serem traduzidas em palavras.

A todos o meu mais profundo carinho e gratidão.

Sumário

Apresentação 7
PRIMEIRA PARTE
A sexualidade do adolescente 15
A puberdade e a adolescência 15
A síndrome da adolescência normal 19
A sexualidade do adolescente 21
Os ritos de iniciação sexual 24
O ficar 25
A maturação tardia 26
As primeiras experiências sexuais 29
A gravidez e as DST na adolescência 33
As principais DST, sinais, sintomas e conseqüências 39
A sexualização na mídia e os efeitos da modelação 43
As experiências homossexuais 46

SEGUNDA PARTE
O papel da família e da escola na educação sexual 49

As falhas dos pais na educação sexual dos filhos 49

Os princípios fundamentais para a correta
educação sexual dos filhos 61

O papel da escola na educação sexual dos alunos 71

As habilidades sociais de comunicação do professor 73

Metodologia 78

Conclusão do tema sexualidade 83

TERCEIRA PARTE
O adolescente e as drogas 87

O uso de drogas e o papel da família e da escola
na prevenção 87

As principais drogas, seus efeitos e conseqüências 97

As reações e posturas sociais 124

A hipocrisia social 126

Conclusão 129

Apresentação

Quando os dois amigos se encontraram na entrada da escola seguiu-se o seguinte diálogo:
— E aí, Rafa, como foi ontem?
— Bati três, só de noite!
— Eu também! Fui na casa do Digo à tarde e acessamos um *site* erótico, você precisa ver...
— Eu já vi! Isso não é nada, Guto. Viu a última *Playboy*?
— Vi só a capa...
— Que tesão, meu, aquilo sim é que é mulher. Dormi e sonhei a noite toda com ela, acordei todo melado e tive de tomar outro banho.
— E daí bateu mais uma, né?
— Claro! Quando você ler a revista, vai ser a mesma coisa.
— Olha lá a Carlinha chegando!
— Hummm, que graça!
— Cara! Que gata! Olha só como ela é gostosa...

— Mas não dá a mínima pra nós! Você que senta do lado dela, já viu a calcinha?
— Ainda não, mas imagino o tempo todo!
— Meu! Olha como eu fiquei!
— Eu também! Vamos ao banheiro bater uma rapidinha?
— O sinal já tocou, será que dá tempo?
— Dane-se o tempo, vamos rápido.
— Não esqueça que é aula de Matemática com o professor Pedro!
— Aula de Matemática? Ninguém merece!

Esse é um diálogo muito comum entre dois amigos adolescentes com idade entre 13 e 14 anos, da 7^a ou 8ª série de todos os níveis sociais ou culturais (os nomes dos personagens desse exemplo, assim como dos vários que apresentaremos ao longo deste livro, são fictícios). Como se pode perceber, a sexualidade está transbordando por todos os canais. O assunto é mulher o tempo todo, as energias são comumente canalizadas para o acesso a revistas, *sites*, filmes ou qualquer outro meio que possa, ainda mais, estimular suas fantasias sexuais.

O diálogo continua na saída do banheiro do colégio após mais uma sessão de masturbação, com o Rafa demonstrando certa preocupação, enquanto se dirigiam apressadamente para a sala de aula:
— Cara! Saiu só uma "esguichadinha" de nada!
— Pudera! Já é a segunda de hoje e ainda são 7h30 da manhã!
— Será que isso (excesso de masturbação) é perigoso? Pode dar algum problema?
— Não sei! Acho que não, mas...

Apresentação

— Quem será que sabe?
— A professora de Biologia sabe!
— É, mas quem vai perguntar?
— Eu não! Ela não gosta "dessas" perguntas!
— É! Aquela aula chata de educação sexual que não explica nada do que precisamos...
— Pergunta pro teu pai!
— Tá louco? Pergunta você, pro teu!
— É ruim, hein? É capaz dele me bater...
— Pensei em perguntar pro meu irmão mais velho, mas... ele vai gozar da minha cara e contar pra todo mundo!
— Chhhhhhhh (entrando na sala) Dá licença professor?

Entram na sala e sentam-se próximos à Carlinha, como de costume. Mal sabem que ela vive, também, seu momento de revolução interna, que gera conflitos na área da sexualidade, diferentemente dos meninos, mas que também causam um grande desconforto. E... lá vem o professor Pedro com a matemática!

Fora a questão "não prestar atenção à aula", caracterizada pela afirmação do professor Pedro: "Vocês dois parecem que estão no mundo da lua!" — que é assunto de extrema importância e merece profundas reflexões mas que não será objeto de estudo nesse momento, percebe-se no mínimo três variáveis pertinentes no diálogo dos amigos:

Eles estão em plena puberdade, descobrindo mudanças físicas e psicológicas surpreendentes. As transformações e excitações promovem um turbilhão de conflitos, tantos que as energias são quase que totalmente canalizadas para dar conta disso. Mas, por outro lado, a descoberta da sexualidade é fascinante e excitante, trata-se de um novo mundo de emoções.

Nesse momento os adolescentes estão inseguros sobre suas próprias atitudes, uma vez que toda essa transformação (a perda do mundo infantil e o surgimento de um novo esquema corporal), além da questão da dependência dos pais, traz conseqüências que geram novos conflitos. No entanto, possuem autonomia suficiente para procurar conteúdos e situações que provoquem excitação e práticas auto-eróticas.

Evitam compartilhar suas dúvidas e inseguranças com os pais e professores, que são aqueles que lhes deveriam dar esse apoio. Em casa, com freqüência, existem alguns tabus, preconceitos familiares, modelos de críticas e repressões à masturbação e, por outro lado, ao acesso a conteúdos eróticos, por exemplo, que inibem o jovem a trocar experiência com os pais. Estes, por sua vez, freqüentemente adotam a postura disciplinadora sobre certo ou errado nos diálogos com os filhos. Na escola, as aulas de educação sexual, na maioria das situações, ainda estão focadas no âmbito biológico-reprodutivo como: aparelhos reprodutivos, gravidez, métodos anticoncepcionais masculino e feminino, DST, entre outros. A esses alunos não interessa mais a informação de que quando se está excitado o pênis fica ereto e a vagina lubrificada. Resta então, aos jovens, procurar as respostas da subjetividade sobre o que a sexualidade representa em si, como cada indivíduo – inclusive seus pais e professores – lida com os seus desejos e qual o

Apresentação

significado das relações entre o sexo, fora de casa e da escola.

A proposta deste trabalho é apontar os principais conflitos relativos ao desenvolvimento sexual dos adolescentes, à rotina diária deles na busca da auto-afirmação, na correta definição do que seja certo ou errado, permitido ou proibido, e no desenvolvimento de repertórios para discernir sobre o que deve ser velado e o que deve ser aparente.

Da mesma forma, vamos mostrar aos pais as principais falhas na educação sexual dos filhos como, por exemplo, a falta de diálogo e a desinformação; achar que o comportamento do filho é inadequado, resultado de alguma falha (não conseguem visualizar a situação como algo normal); a ausência de referências corretas; preconceitos sobre o sexo e resistência a mudanças como: "No meu tempo não tinha essa de *ficar*. Ou namorava ou era amigo! Filha minha não vai *ficar* com marmanjo nenhum!".

Apontaremos aos pais os principais valores sociais humanos e princípios que, quando presentes no núcleo familiar, proporcionarão aos seus filhos o necessário equilíbrio e capacidade de discernimento nas várias fases do desenvolvimento.

Para a escola forneceremos um repertório moderno, objetivando a devida educação sexual e psicossexual dos alunos adolescentes. Uma metodologia atualizada na qual, por exemplo, os próprios alunos, em dinâmicas de grupo, terão oportunidade de construir parte do material educativo, a partir de suas experiências e reais

11

necessidades, supervisionados pelo professor. Este, por sua vez, terá a oportunidade de conhecer as habilidades específicas para a formação do vínculo com os alunos, que é uma variável que proporciona a liderança necessária do professor para que obtenha a confiança dos jovens, conseqüentemente favorecendo as relações em sala e criando um clima de colaboração e respeito mútuo, fatores essenciais para o fenômeno educação.

Sobre o uso de drogas pelos adolescentes, apresentaremos, ao final, um capítulo à parte que oferecerá aos jovens, pais e professores informações atualizadas sobre as várias drogas, seus efeitos e conseqüências, como são utilizadas, as relações entre o adolescente usuário e a família, e os mais recentes dados estatísticos sobre o tema. O objetivo é de que as instituições, a família e a escola recebam informações seguras de uma realidade cada vez mais assustadora, mas que, muitas vezes, por interesses escusos, é manipulada pelo Estado e pela mídia provocando inúmeras confusões na sociedade e distorções da realidade.

Cabe informar ao leitor que o conteúdo deste trabalho é resultado de sólido e reconhecido referencial teórico acumulado ao longo da nossa experiência pessoal, acadêmica e profissional. A nossa formação é em Psicologia com especialização em Psicologia Clínica, Sexualidade Humana e Mestrado em Psicologia da Infância e da Adolescência pela UFPR. Enquanto pesquisadores do universo sexo e drogas vivenciado ao longo de 10 anos no atendimento psicoterápico e de 5 anos enquanto Psicólogo Educacional, sempre em contato com o universo familiar no que diz respeito aos conflitos, tivemos ricas

Apresentação

experiências que, somadas à experiência pessoal (pai de três filhos e avô de três netos) forneceram o material que fundamenta e compõe este livro.

É sabido que alguns dados estatísticos no que se refere a sexo e drogas podem representar não a verdade mas a informação sobre o socialmente correto. Para uma melhor compreensão, imagine-se a cena de um pesquisador entrevistando adolescentes sobre as suas atividades sexuais, abortos, sexo sem proteção e uso de drogas. A possibilidade de que o jovem expresse respostas incorretas é muito grande. Perguntas do tipo "você é virgem?" a uma adolescente, ou, "você já experimentou maconha?" aos jovens em grupo poderão promover respostas inverídicas. Se um pesquisador fizer a pergunta "quem já fez aborto aqui?" a um grupo de dez meninas, por exemplo, obterá zero de confirmação, mesmo que no grupo algumas delas tenha praticado o aborto. Se a pergunta for sobre "traição", da mesma forma obterá respostas evasivas. O resultado estatístico dele, então, não poderá ter nenhuma validade. Causa? Ninguém se sente à vontade em se expor, muito menos o jovem, e principalmente sobre assuntos tão pessoais. Isso mostra o quanto é difícil obter uma leitura real a respeito de eventual quadro sobre sexo e drogas. As pessoas desenvolvem repertórios impensáveis para manipular e escamotear comportamentos. Alguns jovens se especializam de tal forma que nem mesmo os pais sabem absolutamente nada a respeito das suas atividades sexuais e (ou) uso de drogas, como veremos adiante.

Por outro lado, retomando a questão das informações estatísticas, em algumas regiões ou culturas o comportamento do jovem pode ser diametralmente oposto a outras. Sabemos que em grandes centros existem grupos de meninas púberes assediando sexualmente os meninos do condomínio que só querem saber de *lan house*, enquanto numa cidade do interior as meninas da mesma idade ainda brincam de bonecas e fogem dos meninos que se masturbam o dia todo. Assim, é possível compreender a nossa preocupação em informar ao leitor que os dados aqui apresentados apontam, antes, para uma média de comportamentos adolescentes presentes na maioria das regiões e situações e que pode não ter nada a ver com sua experiência e (ou) realidade pessoal. Entretanto, faz-se necessário esclarecer, também, que muitas das informações aqui contidas são resultados da nossa experiência clínica no atendimento de crianças, adolescentes, adultos e famílias. Estas sim são informações sólidas, consistentes, desprovidas de meias-verdades e de simulações. Representam a realidade, o comportamento autêntico e as reações verdadeiras e costumeiras das pessoas às diversas situações que envolvem sexo e drogas. Portanto, quando dissermos, lá na frente, que a excessiva estimulação sexual poderá desencadear automanipulações excessivas, como a masturbação, por exemplo, e levar crianças e pré-adolescentes a experiências sexuais e até homossexuais em alguns casos, quando afirmarmos que muitos pais, apesar de todo o empenho e boas intenções, não têm a mínima idéia do que os seus filhos fazem fora de casa com respeito a sexo e drogas, estaremos apontando para uma realidade que poderá, eventualmente, até ser antagônica à do leitor.

Primeira Parte

A sexualidade do adolescente

A puberdade e a adolescência

A puberdade é o resultado de um processo físico de mudanças no desenvolvimento das características sexuais secundárias, como a ocorrência da menarca (primeira menstruação), o desenvolvimento dos seios e o alargamento dos quadris nas meninas, e o crescimento dos pêlos faciais e mudança no tom da voz nos meninos. As marcas da puberdade são produzidas pelas intensas atividades hormonais responsáveis pelas características sexuais primárias: aquelas diretamente envolvidas no coito e na reprodução (órgãos reprodutores e genitália externa).

As meninas iniciam a puberdade, em média, aos 11 anos e os meninos, aos 13, por isso as meninas são maiores e mais pesadas do que os meninos nessa fase.

Toda essa revolução física determina o "estirão de crescimento". Os jovens crescem no início da adolescência, de forma desproporcional às outras fases do desenvolvimento. O estirão explica o desconforto dos jovens em não mais controlar com facilidade os próprios membros e o corpo como um todo e, por essa razão, são apontados, com freqüência, como desastrados.

A adolescência, por sua vez, caracteriza-se por ser um processo de mudanças psicológicas, ao contrário da puberdade que caracteriza as mudanças físicas. No entanto, os dois processos são simultâneos, isto é, ocorrem no mesmo período das nossas vidas.

A adolescência é, então, um período naturalmente conflitivo. Para cada tomada de decisão sobre suas escolhas o jovem viverá novos conflitos. Muitos se assustam com o seu novo corpo, com a emoção e com a nova vida. Assim, sob os efeitos desses conflitos, o adolescente passa a viver um mundo alheio aos seus pais, que quase não conseguem ter participação alguma nessa fase da vida dos filhos. Para a maioria dos adolescentes, a casa é considerada somente como uma base, o seu novo universo é a escola e seus relacionamentos com os grupos de iguais, ou seja: eles saem da dependência psicológica da família para a dependência do grupo que, agora, lhes oferece a proteção necessária.

Para essa questão do "isolamento dos pais", no que se refere aos seus conflitos de ordem sexual, os adolescentes desenvolvem um repertório de comportamentos adaptativos para cada momento específico, objetivando camuflar seus problemas para que os pais se sintam mais seguros e deixem de pegar no seu pé, por exemplo.

A mãe do Digo, amigo do Rafa e do Guto, é separada e vive só com o filho único. Às vezes sai à noite com o namorado e deixa o filho em casa autorizado a acessar a internet (condição imposta por ele para liberar a mãe de sair com o namorado). Toda cheia de culpa, mas, sem outra opção, ela se submete, mas não sem antes despejar o rosário de recomendações do tipo:

— Rodrigo, meu filho, cuidado com os *sites* que você abre, viu? Você tem só 14 anos e não deve olhar para tudo o que tem na internet!

— Tá bem, mãe! Fica fria! – responde Digo.

— Você promete pra mãe?

— Puxa, mãe, você acha que eu me interesso tanto por essas coisas?

— Não é isso, filho, é que... você sabe...

— Fica fria, mãe, só vou entrar no Orkut pra conversar com a minha turma, tá?

— Está bem, filho, a mãe confia em você!

Mal a mãe vira as costas e ele acessa o *blog* da Bruna Surfistinha e... dá-lhe masturbação. Depois é só entrar no *chat* da turma e contar tudo o que aconteceu até meia hora antes da mãe voltar. Quando ela chega "o filhinho querido e responsável já está dormindo com aquela carinha angelical".

Assim eles vão adaptando repertórios e defesas específicas para cada situação com os adultos. No entanto, lá no *chat* ele foi verdadeiro, foi transparente com os amigos, pois somente junto aos seus iguais o jovem se sente seguro.

Uma forte característica desse período é que os adolescentes são muito sensíveis às opiniões dos colegas com os quais vivem se comparando, o que pode provocar, em algumas situações, sentimento de inferioridade, perda da confiança e o desenvolvimento de auto-estima rebaixada. Para outros e em outras situações o adolescente é onipotente, ele se acha o super-homem, "comigo nada de ruim pode acontecer".

Tudo isso é resultado da grande transformação ocorrida em tão pouco tempo. O jovem dificilmente conseguirá repetir o mesmo conteúdo do jogo "quem sou eu" em um curto espaço de tempo como, 30 dias, por exemplo. Ele passa quase todo o tempo em busca da identidade, dedicando-se a desprender-se definitivamente da infância e a entender essas mudanças corporais. A perda do mundo infantil implica, também, a transformação da imagem que ele tinha dos pais, que costumeiramente não conseguem lidar bem com as manifestações da sexualidade dos filhos. Até há pouco tempo eram os heróis deles, agora, muitas vezes, são julgados e criticados por eles que, em algum momento, se mostram rebeldes.

A adolescência desperta no mundo adulto reações de repúdio, críticas e tentativas de coação para que os jovens venham a se encaixar nos "padrões gerais" da sociedade, já que esses padrões são os mesmos contra os quais os adolescentes se rebelam e procuram contestar através de comportamentos, críticas, formas de vestir-se e de expressar-se. Vamos ver a seguir um pouco mais das origens desses conflitos.

A síndrome da adolescência normal

Mauricio Knobel, renomado psiquiatra, desenvolveu um estudo a respeito de uma série de comportamentos dos adolescentes que, em algum momento, serão interpretados pelos pais como errados, inadmissíveis, antissociais, imorais e, até, confrontadores aos valores da família, mas que, segundo o autor, são normais nessa fase da vida e se repetem, geração após geração. São eles:

- Uma busca da identidade e de um si mesmo, claramente definidos;
- Uma marcada tendência grupal;
- A necessidade de fantasiar ativamente e, paradoxalmente, recorrer quase constantemente ao mecanismo de intelectualização;
- Crises religiosas nas quais se podem observar indivíduos que passam do ateísmo mais absoluto até o misticismo religioso mais severo;
- Deslocamento – mecanismo de defesa no qual o indivíduo desloca (transfere) para outro indivíduo ou objeto suas tensões negativas, ou seja: substitui um objeto por outro que não represente ameaças. Ex.: Foi castigado pelo pai e, agora, desconta batendo no irmão menor;

- Uma evolução sexual do auto-erotismo para a genitalidade heterossexual;
- Uma atitude social reivindicatória;
- Contradições sucessivas em todos os aspectos da conduta, que por sua vez estão guiadas por uma tendência à ação, a qual costuma substituir formas mais evoluídas de pensamento;
- Uma luta constante por uma separação progressiva dos pais;
- Flutuações constantes de humor e de estado de ânimo.

Knobel conclui ainda que esses sintomas interatuam de uma maneira constantemente flutuante e que se convertem em um período de aprendizagem para a fase adulta.

Qualquer adulto que fizer uma reflexão sobre o seu próprio período da adolescência se perceberá, inúmeras vezes, refletido nesses pontos acima relacionados e, na regressão mental àquela fase, vivenciará novamente o conflito de ser incompreendido. No entanto, com freqüência, ocorrem alguns fenômenos interessantes durante o exercício:

1) a sensação de estar sendo manipulado pelos filhos da mesma forma que ele manipulou seus pais, quando adolescente, é desconfortável;
2) sua experiência provou que esse ou aquele caminho estavam errados.

Não quer que o filho passe por essa experiência e, agora, tenta mostrar a ele o caminho correto, mas o filho não o ouve.

Mais à frente retomaremos esse tema. Agora, vamos voltar à questão da sexualidade do adolescente, mais propriamente das fases iniciais da adolescência.

A sexualidade do adolescente

Carlinha ainda não completou os 14 anos, mas já tem um corpo bem desenvolvido, acima da média das suas colegas da sala. No entanto, não vê a hora de terminar a 8ª série para não precisar mais usar aquele uniforme horrível. Almeja o Ensino Médio, quando então poderá desfilar suas "roupitas transadas" na escola. Mas ainda tem um semestre pela frente, período no qual terá de agüentar os olhares fulminantes e as insinuações ridículas do Guto e do Rafa. Resta-lhe registrar:

Meu querido diário,
Mais um dia se passou e, nada! Ele nem olhou pra mim!
E eu caprichei no visual, até passei batom no intervalo, mas ele insistiu em ficar com as coleguinhas dele (harg) do Ensino Médio. Só quem olha pra mim são aqueles babacas da sala. Olham pra mim, nada! Olham para a minha bunda e para os meus peitos.
Quando, querido diário, um garoto interessante vai olhar para dentro de mim através dos meus olhos e se apaixonar verdadeiramente, de uma forma ampla, do jeito que eu sou?

Os relatos do diário da Carlinha revelam a nítida diferença entre a sexualidade masculina e feminina. As meninas não estão tão ligadas quanto eles aos impulsos sexuais. Isso porque eles foram estimulados ao desenvolvimento sexual pela família e pela sociedade de uma forma geral, pois pertencem ao "sexo dominante" que não precisa de controle na sua atividade sexual. Já, elas, pelo estigma da possível gravidez e da fragilidade, precisam ser controladas socialmente.

A liberação sexual masculina caracteriza-se em poder namorar cedo e namorar muito sem ser estigmatizado negativamente, enquanto que as meninas serão classificadas como "galinha" se namorarem ou ficarem muito, além do que podem engravidar.

No entanto, não é só isso! O adolescente vive a descoberta da sexualidade, isso excita e fascina ambos os sexos, de forma diferenciada como vimos, mas a vontade de experimentar esse mundo novo de emoções é forte e provoca os impulsos sexuais. As garotas lidam com essa energia mostrando-se menos sexualmente ativas que os garotos. Para elas, o impulso sexual está mais associado com outros sentimentos, elas relacionam amor e sexo num único sentimento, enquanto os meninos consideram sexo e amor como sentimentos distintos.

Logo, as meninas conseguem uma negação temporária e limitada dos impulsos sexuais, o que lhes proporciona uma adaptação cômoda. A gratificação erótica fica em segundo plano. Em primeiro fica a auto-estima, a segurança, o afeto e o amor. O menino não faz essa leitura. Ele não entende porque a menina não possui desejos incontroláveis como ele e insiste tanto que em algumas situações consegue que ela ceda às suas investidas.

Quando isso acontece? Quando a menina participa fisicamente das "loucuras" dos meninos? Podemos relacionar três fatores que podem facilitar esse comportamento feminino:

- Primeiro, quando elas possuem auto-estima rebaixada e insegurança quanto ao seu papel na relação. Sentindo-se excluídas, cedem em nome do pertencer, claro que manipuladas pelos meninos que, na hora H, prometem o que for necessário para conseguir o que querem, ou seja: sexo e nada mais;
- O segundo é a paixão desenfreada. Meninas apaixonadas podem deixar-se levar idealizando a estabilidade da relação ou por receio de perder o objeto amado;
- O terceiro fator é o resultado de uma educação permissiva e voltada para a liberação sexual (a exemplo da educação dos meninos). A menina teria, neste modelo, comportamentos muito próximos aos dos meninos e destituídos de escrúpulos.

Vimos então que, fora as explicações acima, a sexualidade feminina é muito diferente da masculina. As meninas também se masturbam, mas não coletivamente e nem com tanta intensidade quanto os meninos. Elas sentem o desejo, mas o associam com o amor e, então, "ficam" para testar, para experimentar, para manipular ou para flexibilizar seus valores sociais familiares. Mas essa atitude de ficar é coisa muito atual e será abordada daqui a pouco. Vamos falar de passado por enquanto.

Os ritos de iniciação sexual

Até aproximadamente duas gerações, a iniciação sexual dos meninos, muitas vezes, era com prostitutas. Os tios e até mesmo os próprios pais os levavam à "zona" (prostíbulo) para que fossem iniciados. Muitos jovens viviam aquilo tudo com muita angústia e vergonha, outros com culpa, o que caracterizava a rapidez na relação, uma relação sem sentimentos, sem beijos e sem carinho, com pressa e perigosa pela ameaça das doenças venéreas.

Naquela época, por falta de condições financeiras e (ou) de cultura familiar, muitos adolescentes eram iniciados por homossexuais que se valiam dos momentos de forte excitação dos meninos para oferecer, de graça, momentos de prazer. Em quase todas as cidades havia homossexuais que eram conhecidos pela garotada local e que facilitavam os encontros, próximos às escolas e nas praças, para "marcar o programa". Essa prática ainda era fragmento das épocas em que se promovia a iniciação dos jovens púberes, dos meninos, porque as meninas não tinham isso. Eram completamente desinformadas sobre o que era o sexo. Para elas sexo era feio e perigoso.

Ainda hoje, em algumas culturas, principalmente as indígenas, o início da adolescência é assinalado por rituais de iniciação nos quais os jovens são submetidos a testes de força e coragem, e as jovens à clausura e ao desenvolvimento de habilidades domésticas.

Na cultura ocidental não vemos mais nenhum rito de iniciação sendo promovido pelos pais, ao contrário, são

A sexualidade do adolescente

os adolescentes que constroem sua própria cultura nos seus grupos e microssociedades como a escola, por exemplo. Muitas vezes, com equívocos graves, como o de "tomar um porre" para provar ao grupo que não é mais criança. Alguns fumam, outros cometem pequenos delitos como pichar um muro ou esvaziar o pneu do carro da diretora e, no campo sexual, os famosos torneios de masturbação para ver quem "goza" antes, quem goza mais vezes em menos tempo ou quem ejacula mais longe. A maioria dos pais e dos educadores nunca vai saber disso, é "segredo de estado", e esses garotos quando forem pais e tiverem filhos adolescentes não terão coragem de relatar a eles suas próprias "façanhas da juventude".

O ficar

Ficar é um relacionamento provisório que pode ir desde um extremo como "selinho" de boca fechada e de mãos dadas, até o outro, uma relação sexual com penetração. No entanto, relatos recentes apontam para um comportamento padrão do ficar, relacionado a beijos principalmente, e em menor proporção, a alguns "amassos", mas, sem a "transa" completa. Para os adolescentes o ficar foi uma grande conquista, pois com essa prática evita-se o compromisso com o amanhã e elimina-se a obrigação dos vínculos definitivos.

Muitos "ficam" para ampliar o conhecimento sobre o seu par, visando a uma futura decisão sobre namorar ou não. Outros simplesmente para exercer a liberdade, outros para demonstrar ao grupo o seu poder de sedução e outros, ainda, principalmente os meninos, para "botar pra fora" suas tensões acumuladas (tesão reprimido). É comum que garotos que até então só se masturbaram imaginando as situações de toque (beijos e amassos), quando conseguem uma situação verdadeira e vivem todas as sensações de uma relação sexual real percam completamente o controle e ejaculem nas calças.

São muitos os motivos, mas uma questão fica bem clara entre eles; quando decidem encerrar o ficar, nada fica para trás, deverão ser bons amigos.

A prática do ficar só é criticada pelos adultos, principalmente pelos pais das garotas eleitas como a sua "querida filhinha" e imaginadas sendo usadas por aqueles "marmanjos". Mal sabem eles que, fora algumas exceções sobre as quais falaremos a seguir, são elas, na maioria das vezes, as manipuladoras, elas elegem o garoto com quem querem ficar e são elas que estabelecem os limites.

Quais são as exceções? Quem são esses adolescentes mais vulneráveis à manipulação? Vamos ver isso na seqüência.

A maturação tardia

Entraremos agora no âmbito da discriminação, do preconceito que o grupo de adolescentes ditos normais pratica contra os mais baixos, os mais gordos, os mais feios,

A sexualidade do adolescente

contra os com deficiências físicas e psicoemocionais e também contra os de raça, condição social e credo diferentes do grupo dominante.

Esse termo, maturação tardia, não explica todas as características acima mencionadas, estamos generalizando. Ele se refere aos menos atraentes do ponto de vista físico, os menos populares, que assim o são por não terem ainda, apesar da mesma idade dos demais, se desenvolvido fisicamente nas mesmas proporções.

Essa explicação serve para confirmar que o início da puberdade não é um fenômeno puramente temporal. Alguns jovens podem iniciar a puberdade aos 9 anos enquanto outros, aos 15. Isso justifica porque pais de crianças com maturação tardia ficam surpresos na comparação do comportamento da sua filha, por exemplo, com o da filha do seu vizinho da mesma idade com maturação normal. Imagine então o que passa na cabeça da filha percebendo as nítidas diferenças corporais e sociais da colega. É o caso da Lu, amiga de infância e vizinha da Carlinha. Mais gorda e mais baixa do que a média, apaixonada pelo Rafa (que não lhe dá a mínima), sente-se usada pela amiga que a procura só para os seus desabafos ou assuntos da escola, mas que quase não a convida para sair. Para isso, tem outras amigas. Até então as duas brincavam juntas com bonecas. Agora, "enquanto eu fico em casa brincando sozinha, ela, bela e popular, sai, vai a festas e está sempre rodeada de pretendentes e amigos!", pensa Lu, magoada.

O adolescente nessa fase, muitas vezes, é cruel. De maneira velada, isola quem não é seu igual, o que favorecerá no "isolado" sentimentos de inferioridade, depressão, ansiedade e, até mesmo, culpa e impulsos de autodestruição como o uso de drogas, por exemplo. Nesse período é muito comum a prática dos mecanismos de defesa como:

- A negação: "Eu sou feliz assim como sou! Sou gorda mas sou feliz!";
- A projeção: "Ela está se achando, veja que ridícula!";
- A intelectualização: "Em compensação eu sou muito mais inteligente que ela, isso é o que vale!".

E por aí afora. São as famosas defesas, muito comuns no ser humano.

Muitos pais se sentem confortáveis com essa situação, pois têm a falsa idéia de que seu filho ou sua filha estarão sempre em casa sob a proteção e o controle deles. Engano! Um dia poderão ser surpreendidos com as conseqüências dessa descompensação, como veremos.

Voltando ao assunto "exceções" tratado anteriormente, relacionado com as características mostradas dos jovens com maturação tardia, podemos perceber o quão vulneráveis eles são para os manipuladores. Geralmente, para "pertencerem" ao grupo, submetem-se às mais variadas formas de humilhação; fazem o trabalho da escola para os outros, fazem papel de empregados buscando lanche e carregando materiais, enfim! Imagine-se o que não fazem para receber uma atenção especial, como um carinho da pessoa amada, por exemplo. Quando é uma garota apaixonada, muitas vezes deixa-se levar em função da ameaça que o negar poderá representar. Não que esse seja o motivo principal da gravidez adolescente, mas trata-se de um representativo motivo. Alguns meninos se submetem a experiências homossexuais pelo mesmo motivo, por medo da exclusão, dentre outros. São as conseqüências da descompensação citadas acima. Vamos tratar das primeiras experiências sexuais, homossexualidade, gravidez na adolescência e DST a seguir, mas não sem antes esclarecer que essas características de comportamento dos adolescentes citadas representam somente a média dos comportamentos em várias situações e em várias culturas.

Mas nem todos são assim. Existem indivíduos no outro extremo que passam por todo o período da adolescência incólumes aos conflitos citados, como se fossem impermeáveis às variáveis que caracterizam essa fase. Parecem não sofrer os conflitos de ordem sexual (não com a intensidade mostrada aqui) e possuem outros interesses, muitas vezes com o estudo, outros com a família, atividades esportivas, música etc. Trataremos desses assuntos novamente na segunda parte.

As primeiras experiências sexuais

Na fase das poluções noturnas, o adolescente começa a fantasiar com muita intensidade a relação com uma mulher. Apaixona-se facilmente, ora pela professora, ora pela colega, pela prima, enfim. Nos momentos da masturbação, idealiza todos os passos da relação. Então já começam a surgir os primeiros sinais da ansiedade causados pela insegurança, principalmente pelo temor de ser rejeitado. Desejo, medo e culpa andam juntos nessa fase e causam um conflito tão forte que ele passa a construir, mentalmente, possibilidades de fracasso, como o de não conseguir uma boa ereção, por exemplo.

É o caso do Rafa que, angustiado, chega a pensar em buscar apoio em casa, no pai, talvez, mas não tem coragem. O receio da costumeira crítica e a ladainha dos discursos do pai o fazem desistir. Com o irmão? Nem pensar! Resta o grupo de amigos. No entanto, surge o pensamento: "Se eu estou com toda essa insegurança, por que com eles seria diferente? Vivem afirmando que já tiveram várias relações, que comeram essa ou aquela garota, que deram três, quatro, na mesma noite, e eu sei que quase tudo é mentira". "O Guto, coitado, é pior que eu, tudo o que sabe de sexo aprendeu comigo e com o Digo lá nos *sites* eróticos e nas revistas" – Rafa sente-se só e assim será!

Um belo dia a oportunidade surge. Nem é com a garota sonhada, mas com a Lu, que não larga do seu pé há muito tempo. "É ela!", pensa. E, envolto nesse turbilhão de emoções, deixa-se levar pelo desejo. Até que ela é interessante", pensa. A expectativa vai aumentando a cada passo dos preparativos: onde vai ser, a que horas, há riscos de alguém chegar, será que ela já transou? Ufa! Já está faltando ar! A ansiedade toma conta de todo o seu ser.

Na hora H, todas as providências tomadas, duas da tarde, os dois no quarto dela (enquanto os pais estão fora e ela ficou para "estudar para a prova de amanhã com uma colega"), dão início às carícias, beijos e abraços. Ela começa a tirar a roupa e ele, sem saber se fala, se toma iniciativa ou aguarda mais sinais dela, se coloca a camisinha ou não... quando percebe ela já está toda nua na sua frente. "Linda!", pensa. A ansiedade, definitivamente, toma conta, a boca fica seca, a sua excitação é tanta que... não deu para segurar! Acabou ejaculando antes mesmo de tirar completamente a calça. A situação só não é cômica devido ao drama vivido pelo jovem. Lu, ao perceber a situação, até tenta minimizar com o clássico "isso acontece". Parece que piora tudo para ele, e a sensação de fracasso se instala definitivamente. Tentar consertar a situação? Como? Nem pensar! Está totalmente descontrolado emocionalmente, não sabe o que fazer, todo atrapalhado com as roupas no joelho tenta proteger a calça e lambuza mais ainda. Resta pedir desculpas e ir embora assim mesmo, carregando o pesado fardo da culpa.

Analisando todo o ocorrido, podemos constatar que um fator colaborou de forma decisiva para o fracasso do garoto: a excessiva valorização do sexo em detrimento ao envolvimento amoroso, somado ao perigo que a situação proporcionou. Isso tudo causou pressa e muita ansiedade, possíveis ingredientes da ejaculação não programada e da angústia vivenciada.

A forma como o adolescente vai lidar com uma situação como essa poderá determinar a qualidade de suas futuras relações sexuais. É um grande erro associar esse tipo de fracasso com a possibilidade de sofrer de uma disfunção sexual denominada ejaculação precoce, sob pena de carregar para sempre a sombra desse modelo nas futuras atividades sexuais. É um momento crítico no qual a vergonha impossibilita que ele peça ajuda ou orientação. Isso deveria ter acontecido antes da experiência. Vamos falar sobre esse assunto mais à frente na segunda parte. Agora cabe analisar, também, a primeira experiência (ou tentativa de) da Lu, parceira do Rafa.

O perfil é de uma garota com, no mínimo, as características dos rejeitados, apresentadas no tópico maturação tardia. Ela, apaixonada, faria qualquer coisa que ele pedisse, para ser aceita, para participar do mesmo universo, para viver, nem que fosse por um momento, a sensação de ser amada, como sonhara, estando em seus braços. Pagaria qualquer preço, até mesmo o preço da virgindade. Naquele momento não teria a mínima conseqüência, não faria a mínima diferença.

No momento do fracasso da tentativa, enquanto o Rafa vivia todo o seu conflito (culpa e vergonha), o que ela mais queria era dar-lhe colo, apoio, deixar pra lá essa coisa de sexo e valorizar mais as emoções que a presença dos dois em intimidade poderia proporcionar. Foi sincera quando tentou aliviar a situação com o seu "isso acontece". Havia coisas mais importantes naquele *set* para que o encontro fosse interrompido por uma simples "ejaculação fora de hora".

Poderia ter sido muito diferente. Vamos analisar outras possibilidades no próximo tópico.

A gravidez e as DST na adolescência

Alguns dados estatísticos para atualizar (assustar) e ilustrar o tema:
- 14% dos jovens entre 11 e 14 anos têm vida sexual ativa.

Esse índice aumenta para 43% entre os de 15 e 17 anos;

- 4,5 milhões de adolescentes engravidam todos os anos no Brasil.

3,5 milhões abortam;
- 70% dessas adolescentes não utilizaram nenhum método anticoncepcional na primeira relação, embora a maioria soubesse que poderia engravidar.

Os motivos da gravidez na adolescência são vários e, em muitas ocasiões, uma mescla deles se apresenta simultaneamente.

Imaginando que o Rafa, no relato anterior, tivesse conseguido uma penetração e ejaculação sem o uso da camisinha naquela hora. Também hipoteticamente considerando que a Lu não usasse anticoncepcional e estivesse no período fértil. Naquele momento poderia acontecer um caso de gravidez na adolescência, causado por paixão profunda e necessidade de aceitação além do interesse em formar laços mais estáveis com o objeto amado, ou seja, pura ingenuidade associada com autoestima rebaixada e necessidade de aceitação. Aqui também poderá estar caracterizada uma necessidade de separar-se da família por idealização de um possível casamento e início da liberdade dos pais.

Outro motivo muito comum é a modelação: a imitação de comportamentos supostamente recompensados. Na modelaçã a adolescente cria condições de que a gravidez ocorra para copiar o comportamento de alguém. Segue-se um exemplo: no final dos anos 1990, em um colégio estadual de Ensino Médio de uma capital, numa turma de 25 alunos do período noturno havia oito adolescentes grávidas ao mesmo tempo. O fenômeno foi explicado mais tarde por duas variáveis surpreendentes: 1ª) na época, a Madonna e a Xuxa tinham engravidado e ambas anunciavam na mídia o seu poder de "produção independente"; 2ª) uma das alunas (com fortes características de liderança) apareceu na sala, certo dia, com o mesmo discurso das famosas artistas: "Estou grávida, e o pai nem sabe! Vai saber só se eu quiser"!. – Foi o suficiente para "a moda pegar" e sete colegas seguiram o mesmo caminho: escolher o parceiro e o momento ideal para engravidar propositalmente.

A modelação poderá também exercer efeito contrário caso o modelo, ao invés de delinear a imagem de recompensa, aponte para prejuízos ou fracassos. É o caso do exemplo representado por uma garota que, após engravidar, foi abandonada pelo namorado, discriminada pela família e agora, mãe, não tem mais oportunidades de estudar e trabalhar, ou seja: sofre as conseqüências negativas da gravidez. Quem vai imitar esse modelo?

Um terceiro motivo é causado por uma situação bem parecida com as características sexuais dos meninos: desejo excessivo, agora da menina, provocado por uma fase anterior de masturbações e fantasias sexuais, que criou um clima incontrolável de desejos. Aquela situação clássica de que, na hora, no calor do momento, ninguém pensou em camisinha.

Qualquer desatenção no que diz respeito à prevenção com o uso da camisinha para prevenir a gravidez servirá de exemplo para a questão das DST (doenças sexualmente transmissíveis), categoria na qual se encontra, também, a AIDS. Muitos adolescentes, principalmente aqueles com fortes tendências à síndrome do super-homem, não fazem a correta ponte entre o que aprenderam sobre prevenção e o que fazem na realidade. Valem-se muito mais da sensação de que "isso nunca vai acontecer comigo" do que executar ações preventivas.

No final dos anos 1990 participamos de um programa de prevenção de HIV/AIDS para adolescentes. Após alguns meses de capacitação, fomos a campo e demos início ao trabalho que se prolongou por mais de um ano. A população atendida era de adolescentes, alunos de escolas públicas e particulares.

A experiência adquirida nesse programa mostrou que o nosso trabalho de dinâmicas de grupo, jogos, apresentação de vídeos e muita informação aos adolescentes participantes, nos mais variados níveis, sobre as doenças sexualmente transmissíveis e as formas de prevenção não surtiam os resultados esperados, no que diz respeito a mudanças de comportamento. Para ilustrar, perceba o nosso diálogo com um garoto de 16 anos, participante do projeto, após o período de aprendizagem cognitiva, na qual o indivíduo recebe informações que deveria processar e adotar para promover as mudanças comportamentais esperadas:

— E daí, meu! Como foi o final de semana? — perguntamos ainda no corredor.

— Aí, professor! — disse ele. — Muito bom mesmo, estou esgotadaço!

— Andou comendo alguma coisa nova pela cara de satisfação, não é? — perguntei.

— É isso aí, mesmo! Conheci uma gata no sábado e, até ontem (domingo), foi só trampo!

— E aí, muita camisinha? — perguntamos.

— Que nada, professor. No primeiro trampo não tinha e daí foi ao vivo mesmo. Depois nem adiantava mais, já que a primeira foi sem (camisinha), o resto também!

— Cara! — falamos perplexo. — Nós passamos dois meses nos encontrando toda semana para que vocês compreendessem os perigos e riscos do sexo sem preservativo e você diz que transou com uma garota que acabara de conhecer e não usou camisinha?

— É! — disse ele. — Aprender eu aprendi, mas na hora não dá pra segurar, e aí seja o que Deus quiser! Não dá nada!

Uma grande lição sobre o aprendizado cognitivo (por raciocínio), aquele que é adquirido pela aquisição de informações e que, necessariamente, não produz mudanças de comportamento.

Dados estatísticos dão conta de que 47% dos adolescentes ativos sexualmente já fizeram sexo com pessoas que acabaram de conhecer e não usaram camisinha; 95% deles têm a informação de como evitar DST, porém menos de 4% utilizam o preservativo.

Esses dados, por si só, já são suficientes para justificar a constatação da OMS de que 10 milhões de pessoas infectadas pelo HIV no mundo são adolescentes. São dados alarmantes, principalmente pelo fato de que os números têm aumentado progressivamente ano após ano. Fica a pergunta:

— O que faz com que um adolescente bem informado sobre os perigos das DST e as várias formas possíveis de contaminação, principalmente no que diz respeito à relação sexual, informado também sobre a janela imunológica (período no qual um indivíduo contaminado pelo vírus HIV ainda não desenvolveu a AIDS, não apresenta nenhum sintoma e, apesar do seu exame de sangue dar negativo, mesmo assim pode transmitir o vírus), transe com uma pessoa desconhecida ou mesmo com a sua recente parceira, sem a utilização do preservativo?

Dez possíveis respostas foram apresentadas em um estudo realizado por psicólogos especialistas na área. A ordem de apresentação é aleatória, não representando, portanto, valores de importância quanto à sua colocação na seqüência, mesmo porque é comum a presença de vários dos dez itens em um mesmo evento:

- o custo do preservativo (alto valor para algumas classes sociais);
- o transporte do preservativo (tê-lo em mãos na hora H);
- negligência (achar que gravidez e DST só acontecem com os outros);
- diminuição das sensações (desconforto);
- achar desnecessário o uso por confiar plenamente no(a) parceiro(a);
- quebra do clima (do embalo);
- interrupção das carícias;
- insegurança em exigir o uso. Ele(a) poderá achar que é falta de confiança;
- vergonha (inibição à compra e à solicitação nos centros de saúde, e ao uso);
- inconseqüência e impulsividade ("na hora não se pensa nessas coisas. Quando se vê, já transamos sem usar a camisinha");
- a desinformação, o garoto não acredita na possibilidade de contrair DST, principalmente AIDS, da garota. Pensa que só o homem transmite.

Mais uma vez, percebemos o quanto é difícil lidar com a categoria adolescente. Se para profissionais que estudaram profundamente o assunto já é difícil, imagina-se para os pais e professores, muitos não tão bem informados e (ou) habilitados. Na segunda parte mostraremos alguns repertórios que poderão facilitar essa relação de comunicação, informação e prática. Agora vamos apresentar as características das principais DST, objetivando a informação ou mesmo a atualização do leitor. É importante esclarecer que os dados são ilustrativos, portanto maiores dúvidas sobre diagnósticos e prognósticos deverão ser tiradas com os médicos especialistas.

As principais DST, sinais, sintomas e conseqüências

Linfogranuloma venéreo: também conhecido popularmente como "mula" ou "bulbão". Seu agente é uma bactéria e o principal sintoma na primeira fase da doença é o aparecimento de uma lesão genital que mais tarde poderá evoluir para inflamação dos gânglios da virilha. Quando não tratado pode evoluir para elefantíase do pênis, do escroto e da vagina.

Condiloma acuminado: Conhecido também como "HPV", "crista de galo" ou "verruga genital", é uma infecção causada pelo vírus HPV. O principal sintoma é o aparecimento de verrugas parecidas com couve-flor, no pênis, na vagina, no reto e colo do útero. Quando não tratado pode causar câncer do colo do útero, vulva, pênis e reto.

Sífilis: O antigo e famoso "cancro duro" é causado por uma bactéria que causa ferida no pênis, vagina, boca e ânus. Afeta vários órgãos e tem períodos de latência, ou seja, os sintomas desaparecem em algum momento fazendo com que a pessoa contaminada pense estar curada, enquanto a doença está evoluindo para fases mais perigosas que podem levar até a morte.

Cancro mole: Conhecido popularmente como "cavalo", tem como agente uma bactéria. O sintoma é ferida no pênis e na vagina, que cresce e fica mais dolorosa com o tempo.

Herpes genital: Uma infecção recorrente (que vai e volta), causada por vírus. Os sinais são pequenas bolhas que se rompem e se transformam em feridas dolorosas. Estas, com o tempo, somem. As implicações são infecções secundárias e meningoencefalite. Não há tratamento curativo para a Herpes genital, somente o controle relativo das crises.

Gonorréia: Transmitida por uma bactéria, tem como principal sintoma pus saindo pelo pênis e pela vagina e ardência ao urinar. Nas mulheres é comum a ausência do ardor. Se não tratada, a gonorréia pode evoluir para infertilidade, aborto espontâneo, meningite, doença inflamatória pélvica, entre outras.

Clamídia: é atualmente uma das doenças sexualmente transmissíveis mais comum. Acredita-se que boa parte das pessoas que tenham tido alguma outra doença sexualmente transmissível também seja hospedeira da clamídia. A clamídia também pode acelerar o aparecimento dos sintomas da AIDS em pessoas infectadas pelo HIV.

Os sintomas da clamídia em homens são muito parecidos com o da gonorréia: queimação ou desconforto ao urinar, saída de secreção branca da ponta do pênis e dor no escroto. Nas mulheres, os sintomas incluem: secreção vaginal levemente amarelo-esverdeada, irritação vaginal, necessidade de urinar com freqüência, dor ou ardor ao urinar, dor abdominal crônica e sangramento vaginal no período entre as menstruações. Entretanto, os sintomas podem ser tão leves que freqüentemente não são notados.

Estima-se que 75% das mulheres e 25% dos homens que têm clamídia não têm nenhum sintoma até o aparecimento de complicações. Quando os sintomas aparecem geralmente ocorrem de 2 a 4 semanas depois de a pessoa ter sido infectada. A única maneira de saber com certeza se alguém tem ou não clamídia é ser testado.

Triconomas: Infecção dos órgãos sexuais e do aparelho urinário do homem e da mulher, transmitida através de relação sexual.

Pode ser identificada pela presença de secreção amarelada e malcheirosa e o período de incubação é de 10 a 30 dias, em média.

AIDS: Causada pelo vírus HIV (vírus da imunodeficiência humana). Esse vírus ataca o sistema imunológico da pessoa infectada, que enfraquece e pode pegar doenças como tuberculose e pneumonia, entre outras. Há um período entre a contaminação pelo vírus e o desenvolvimento da doença chamado de "janela imunológica", que caracteriza indivíduos "portadores do HIV". Nesta fase, apesar de a pessoa ainda não ser "doente de AIDS" e não apresentar sintomas, ela pode transmitir o vírus. O HIV é transmitido principalmente pelo sangue, pelo esperma e pelo leite materno das pessoas infectadas, e também por outras secreções como a vaginal, por exemplo. O não tratamento da doença pode levar à morte. A AIDS atualmente pode ser diagnosticada com exame de sangue e tratada e controlada com os antiretrovirais.

Percebe-se que algumas DST possuem características próprias que nos podem levar a equívocos perigosíssimos. Por exemplo, a AIDS: no período da janela imunológica, ou seja, entre a contaminação pelo HIV e o desenvolvimento da doença, que pode durar de 2 semanas a 3 meses (às vezes mais), o indivíduo não apresenta quaisquer sinais ou sintomas que possam alertar o(a) companheiro(a), e nem mesmo a ele mesmo sobre seu estado. Ele, então, manterá normalmente as relações sexuais achando que está bem e transmitirá, inocentemente, o vírus HIV. Outros exemplos são a Sífilis e a Herpes Genital. Os sintomas dessas DST podem, a qualquer momento, desaparecer, dando à pessoa a falsa idéia de que está curada. São características próprias das doenças. A pessoa, então, retoma sua rotina sexual e transmite a doença às pessoas com quem mantém relações sexuais até que os sintomas voltem. Aí, confuso, muitas vezes acha que foi contaminado novamente.

O procedimento correto para os exemplos citados é o acompanhamento médico. O profissional possui recursos para o correto diagnóstico e prognóstico de todas as DST.

Conforme dissemos, são somente algumas informações a respeito das principais DST. O médico especialista é a principal fonte de informações mais precisas. Importante repetir que a utilização da camisinha nas relações sexuais é o principal meio preventivo das DST.

Agora, fechando esta janela e dando seqüência, vamos falar um pouco da influência da mídia na sexualização dos jovens.

A sexualização na mídia e os efeitos da modelação

Conforme foi visto, o modelo recompensado exerce grande influência sobre os indivíduos, principalmente sobre os adolescentes que, como vimos, passam por intensas crises existenciais e estão em constante busca de uma identidade, além de serem *expert* em fantasiar. Prato cheio para a categoria: imitação de comportamentos.

Há algum tempo a rede de lojas de departamentos C&A criou um comercial apresentado no programa de TV *Fantástico*. Era o lançamento de um *jeans* feminino, e quem desfilou com a roupa no comercial foi a modelo Giselle Büntchem. Essa propaganda foi veiculada uma única vez no domingo à noite em rede nacional. Na segunda-feira, ao final do expediente, não restava uma única peça desse *jeans* em nenhuma loja do Brasil. Venderam tudo! Segundo os funcionários, foi um furor de adolescentes fazendo fila para comprar mesmo antes das lojas abrirem na segunda.

É um clássico exemplo do poder de influência que alguns modelos exercem. No âmbito social sexual não é diferente, se a moda é beber, então vamos beber! — Se a moda é fumar, então vamos fumar! — Se a moda é transar, então vamos transar! Quem tem o poder de ditar a moda? A mídia, é claro! Quando cenas de sexo entre jovens aparecem na novela das 8, os índices de sexo entre adolescentes aumentam de forma assombrosa. Da mesma forma, quando um ídolo da TV aparece fumando, novos fumantes adolescentes surgem como que, do nada. Se o momento é de experiências homossexuais nas novelas, muitos jovens romperão com seus escrúpulos e valores e ficarão mais susceptíveis a esse tipo de experiência.

Muitas indústrias, já de há muito tempo, descobriram esse filão e o exploram com muita "sabedoria" contratando o(a) artista certo(a) para manipular e servir de modelo ao público alvo do produto na mídia. Exemplo infalível é o dos comerciais de cerveja. Sempre estão associados com lindas mulheres de biquíni. A garotada vibra e é estimulada a consumir essa bebida. As meninas muitas vezes saem em busca do biquíni do comercial, ou dos acessórios que a modelo usou, para abocanhar um pouco dos efeitos dessa onda.

O poder da modelação é um fenômeno que pode ocorrer em qualquer escala social. Se for um pequeno grupo, como vimos no capítulo anterior no caso da gravidez coletiva numa sala de aula, basta que alguém com poder de liderança tome a iniciativa e obtenha "sucesso" para que os demais o imitem. Quantos jovens começam a fumar porque alguém de *status* na turma resolveu fumar! Quantos resolveram transar porque souberam que esse ou aquela já estão transando! São os efeitos da modelação que se amplia também para a questão do vestuário, até mesmo para aquelas que não são tão dominadas pelas sensações e têm comportamentos mais reservados. Quando percebem que terão poucas chances, ou nenhuma com a turma e, principalmente, com o garoto alvo, se produzem como as garotas que chamam atenção. Imitam cabelo, roupas, acessórios e perfumes, não por que valorizam a superficialidade, mas, para fazer parte, para ser vistas, para disputar as oportunidades em mesmo pé de igualdade.

Sobre a questão da mídia, é imprescindível observar os efeitos da internet no comportamento dos adolescentes. Lá eles podem encontrar tudo (ou quase tudo) que estão procurando. Esse instrumento tem um grande poder de influência nos jovens da atualidade pelo simples fato de que seus pais têm pouco e, em alguns casos, nenhum poder de controle sobre as ações dos jovens. Sob a guarda de uma senha, só eles terão acesso a determinados *sites* ou *chats* de conversação que poderão influenciá-los positiva ou negativamente em modelações comportamentais.

Na seqüência, vamos abordar um tema de muita sensibilidade social, preconceitos e repleto de controvérsias, mas que é essencial para o fechamento desta primeira parte.

As experiências homossexuais

A orientação sexual é determinada pela identidade sexual, a sensação de ser homem ou mulher. Esta, por sua vez, será construída pela educação que os pais forneceram e estará concluída entre os 2 e 3 anos de vida. Sobre a orientação sexual do indivíduo, estudos indicam que se completará até, em média, o 5º ano, quando já estará determinado se ele é homo, bi ou heterossexual. No que se refere à homossexualidade, o indivíduo poderá sofrer intensas influências ou repressões ligadas a valores morais, principalmente da família, que poderão determinar o seu desenvolvimento natural ou o encobertamento dos sentimentos, ou seja, ele poderá assumir a sua condição homossexual ou reprimi-la, mantendo os sentimentos "proibidos" velados para evitar ser exposto socialmente. Tivemos casos em consultório em que os pais levaram o filho para ser "consertado", pois este lhes confidenciou a própria homossexualidade. Ao entrevistar o adolescente, constatamos a ausência de conflitos intrapessoais, e ao passarmos esta informação aos pais, ouvimos, várias vezes, frases do tipo: "Prefiro morrer!" ou, "Prefiro ver o meu filho morto". Isso ilustra a inflexível resistência familiar e social sobre o tema homossexualidade, e, conseqüentemente, a resistência dos homossexuais em se expor.

Acredita-se que todo ser humano seja bissexual até, aproximadamente, os 8 anos de idade. Tanto o menino quanto a menina, nessa fase, têm impulsos hetero e homossexuais. No entanto, essa dualidade se dissipará com o passar do tempo. Algumas experiências homossexuais vivenciadas por crianças e adolescentes podem ocorrer até mais tarde, mas de forma isolada e transitória como as brincadeiras de médico entre os primos, por exemplo, e não devem caracterizar homossexualidade.

Este é outro conflito muito intenso do adolescente: "Será que eu sou homossexual?". Pois há momentos em que a excitação é tão intensa que ele confunde tudo. Na falta da figura feminina idealizada, acaba sentindo desejos até pelo amigo. O mesmo acontece com as meninas, mais liberadas para conviver entre si, dormem juntas, tomam banho juntas e, às vezes, trocam carícias que, em outras fases da vida, poderiam ser caracterizadas como lesbianismo.

Não é o caso nessa fase da adolescência. Nenhuma experiência homossexual nesse período deverá ser motivo de fortes preocupações, mesmo que ocorra penetração, beijo na boca e fortes sentimentos pelo(a) parceiro(a). O que vale é sair dessa fase, com a definição quanto à sua orientação sexual. O resto, os troca-troca da infância e do início da adolescência, deverá ser interpretado como comportamento de um período no qual havia um forte desequilíbrio entre desejo, sonho e realidade. Por outro lado, percebe-se que os temas apresentados até aqui apontam para um fenômeno muito importante na vida do adolescente: ele sente-se só no que se refere ao apoio dos pais e da escola. Vale-se somente dos seus instintos e da "proteção" que seu grupo de amigos oferece. A maioria dos seus conflitos se repetirá futuramente com os seus filhos, pois não foram, culturalmente, preparados e educados para a oferta de repertório aos filhos, que possa representar alguma forma de segurança e equilíbrio na educação sexual deles.

Segunda Parte
O papel da família e da escola na educação sexual

As falhas dos pais na educação sexual dos filhos

Até agora, falamos sobre os comportamentos dos adolescentes no campo da sexualidade, mostramos um quadro que representa a média dos comportamentos dessa população em várias culturas familiares e justificamos todo aquele turbilhão de inseguranças, desconfianças, ingenuidade, impulsos e emoções, que ocorre na puberdade com a revolução hormonal.

Mas não é só a questão biológica a responsável pelo comportamento do adolescente nessa fase! Há outra variável com peso, no mínimo, equivalente ao peso dos hormônios, chamada educação. Mais precisamente, no caso, educação sexual. Do que se trata a educação sexual? Aparelhos reprodutores, formação dos espermatozóides e do óvulo, relação sexual, penetração, uretra, trompas, esperma, fecundação, ovo, concepção, gravidez, DST, prevenção e métodos preventivos? Tudo isso é educação sexual, muito importante, mais do que isso, fundamental mesmo, na educação sexual dos jovens. Sem esses conhecimentos a aprendizagem seria catastrófica. A escola é muito bem preparada e equipada para fornecer essa educação biologizada da sexualidade humana e o faz muito bem desde as primeiras séries do ensino fundamental. Em alguns casos, mesmo antes, a partir dos 5 anos de idade, a criança já tem algumas informações. A família também se sente confortada em fornecer esse tipo de educação com a famosa história da sementinha que o homem produz quando cresce e que é colocada na mulher quando casam. Como uma plantinha, o bebê se desenvolverá na barriga da mãe, crescerá até os nove meses, quando nascerá.

No entanto, não é bem sobre essa educação sexual que pretendemos falar aqui, mas da estrutura psicológica e emocional, da personalidade do jovem construída a partir de uma educação proporcionada pelo núcleo familiar, capaz de determinar os futuros comportamentos desse jovem diante dos desafios que sua natureza biológica vai trazer. Desafios como crenças, tabus, posturas e valores a respeito de relacionamentos e comportamentos sexuais e, principalmente, de como lidar com os produtos da sua própria sexualidade. O que determinará como o jovem vai interpretar o sexo (agradável, realista, pecaminoso ou perigoso) é a educação que, tanto a escola como a família, lhe proporcionarão ainda na infância, a educação psicossexual.

Vamos, então, tentar compreender por que os pais, historicamente, exercem pouca ou nenhuma ação sobre as decisões dos seus filhos. Por que os adolescentes se deixam levar por influências externas, como as da mídia, por exemplo, em detrimento ao que os pais pregam. Por que os jovens transformaram o lar em uma simples base.

A estrofe da música *Pais e Filhos* do Renato Russo "... *porque os meus pais não me entendem e eu não entendo meus pais...*" nos ajuda a ilustrar que pode estar na falta de comunicação entre pais e filhos o cerne da questão, pois a queixa é bem clara: "os adultos são hipócritas quanto ao sexo!". – Uma referência dos jovens sobre, principalmente, seus pais conservadores e tradicionais que não praticam o que pregam, e nas horas mais impróprias, no momento em que o filho está em busca de apoio e de caminhos seguros para as soluções dos seus conflitos, repetem as mesmas ladainhas sobre disciplina, responsabilidade e conseqüências. Enfim, ouvem pouco, não compreendem quase nada e falam muito. Na verdade, o que esses pais acabam ensinando com a postura crítica não é a adaptação sexual que o filho tanto precisava, mas, ao contrário, promovem, muitas vezes, o conflito sexual.

Uma paciente relatou que, quando pré-adolescente, sofria fortes restrições de seus pais a respeito das suas tentativas de dialogar sobre sexo, desejo e experiências. Tanto o pai como a mãe mostravam posturas recatadas e conservadoras sobre o assunto, inclusive apelando para a religiosidade quando falavam em pecado e castigo de Deus. Filha única, ela nunca obteve deles qualquer apoio às suas dúvidas, os pais mostravam-se distantes, como se o tema, de alguma forma, pudesse gerar qualquer conseqüência negativa, e restritivos quanto à liberdade para ela. No momento em que ela já estava construindo sua percepção sobre sexualidade nessa visão de pecaminosidade, aconteceu um imprevisto que revolucionou completamente a sua vida. Um dia, sozinha em casa, encontrou uma fita de vídeo no quarto dos pais e, curiosa, ligou a TV e o vídeo para assisti-la. Eram cenas de sexo explícito, protagonizadas pelos seus próprios pais. Ficou paralisada, nunca tinha visto nada parecido antes e, agora, seus próprios pais, aqueles religiosos, conservadores e impecáveis exemplos de discrição, ali, na sua frente, fazendo coisas impensáveis. As conseqüências foram desastrosas com o desenvolvimento de distúrbios sexuais e se mantiveram até a vida adulta, quando ela procurou ajuda profissional. Durante as sessões, concluímos que os próprios pais filmavam as suas aventuras sexuais para depois assisti-las nas suas fantasias. No entanto, hipocritamente, como mostramos, não praticavam o que pregavam. Foi um dos nossos maiores desafiadores casos terapêuticos. Um processo longo e de intenso sofrimento de uma vítima da clássica hipocrisia familiar.

Voltando à história do Rafa, naquela fatídica tarde do fracasso com a Lu, ele passou em casa para trocar de roupa. No caminho até arquitetou um plano de só trocar de cueca e ficar com a mesma calça pra não "dar bandeira". Apesar da calça também estar melada, era só passar um paninho e, tudo bem! – Ao chegar em casa, ainda sob os efeitos do drama vivido, deu de cara com o pai.

— Oi, pai! O que você está fazendo em casa às 3 horas da tarde? — perguntou.

— Vim trazer a sua mãe que foi fazer compras no supermercado e já estou voltando para o trabalho" — respondeu o pai.

Rafa, rapidinho disse:

— Tenho de ir ao banheiro!

— Que cheiro é esse, meu filho?

— Cheiro? Não estou sentindo nada!

— Haham! Eu sei o que é isso!

— Isso o quê, pai!

— Chhhhhh, cheiro de esperma! O que você andou aprontando? Onde estava? Filho! Já não te avisei pra tomar cuidado? O que você fez? Com quem você estava? Hein? — já gritando.

— Pai! Agora não dá!

— Agora sim! Vou chamar a sua mãe!

— Não, pai!

A mãe entra na sala:

— O que houve?", pergunta!

— O Rafael deve ter aprontado alguma por aí, olha como ele está, veja a calça, é esperma, sente o cheiro! – responde o pai!

— Filho, o que houve? — a mãe pergunta!

Rafa sai correndo e se tranca no quarto. O pai deixa um recado:

— Ele está de castigo, à noite conversaremos!

Rafa, que tinha planejado passar na casa do Guto para contar a "tragédia" e planejar como voltar a falar com a Lu, agora tinha outra tarefa: forjar um álibi para contar a seus pais. Um álibi possível, uma história absurda qualquer, mas de maneira nenhuma revelar o ocorrido e nem o que estava acontecendo com ele. Isso, jamais!

Os jovens desenvolvem, ao longo da sua vida, um repertório de discursos para cada situação específica. Em alguns momentos dizem aos pais o que estes querem ouvir em cada situação conflituosa, em outros, como agora...

— Rafael, abra essa porta! — diz a mãe.

— Agora não, mãe! — responde o Rafa, enquanto trocava de cueca e esfregava um pano úmido na calça.

— Filho, o que houve?

— Nada, mãe! É o pai que não consegue conversar sem agredir! — simulando choro.

— Então abra a porta para conversarmos!

— Espera um pouco! Agora não quero conversar!

— Vou te esperar na sala!

O papel da família e da escola na educação sexual

Rafa limpa a calça, passa um pouco de cola branca nas áreas que estavam sujas, vai ao banheiro, rapidamente seca as partes úmidas da roupa com o secador de cabelos, esconde a cueca, se recompõe e segue ao encontro da mãe:

— Filho, afinal, o que aconteceu? Por que o seu pai estava tão nervoso?

— Não aconteceu nada, mãe! Eu estou com a calça suja de cola branca por causa do trabalho da escola que estou fazendo com o Guto na casa dele e o pai falou umas bobagens. Veja! A cola já está seca, e ele tá falando que era esperma, que eu estava aprontando...

— Quero ver isso! É cola mesmo, não tem cheiro nenhum! Seu pai deve estar com problemas no serviço e descontou em você!

— É! O problema é que eu tenho de voltar à casa do Guto para terminar o trabalho, só vim aqui pegar uns cadernos, e ele me pôs de castigo!

— Quanto tempo levará?

— Nem uma hora!

— Então, vai rápido, termina o que tem de fazer, volta pra casa antes dele e ninguém conta nada, certo?

— Certo, mãe!

Rafa passa no quarto, pega a cueca suja, põe no bolso, pega a pasta da escola e "se manda" pra casa do Guto. Agora é só confirmar o álibi com o amigo e, tudo bem!

A cumplicidade de dois jovens amigos nessa idade é algo maravilhoso. Bastou o Rafa contar tudo ao Guto e já estavam colando cartolinas para construir uma maquete (realmente um trabalho da escola, mas que deveria ser entregue dali a duas semanas), ainda rudimentar, como "prova", caso fosse necessário. Enquanto o Guto fazia quase tudo e também sujava a calça de cola propositalmente, Rafa lavava a sua cueca no banheiro, e "dá-lhe secador de cabelos".

Uma hora mais tarde, Rafa estava em casa, cueca limpa no guarda-roupas, mãe manipulada e apoiando, e álibi perfeito com o Guto. Bastava aguardar o pai chegar e resolver tudo. Porém ainda havia uma questão: "Como encarar o pai?".

— Mãe! Eu não quero falar com o pai, ele foi rude comigo e eu não vou falar com ele!

— Deixa comigo, filho! Eu falarei com ele e mostrarei o engano. Tire essa calça! Ele vai pedir desculpas mais tarde!

"Me dei bem!", pensou Rafa, enquanto se dirigia ao banheiro para tomar banho!

Mais uma vez, "não deu nada". Como diz a garotada. Tudo acabou com a mãe fulminando o pai com aquele olhar de acusação assim que ele chegou em casa. Quase esfregou a calça do filho na cara dele para que constatasse que as manchas eram de cola, e transferiu ao marido toda a responsabilidade da acusação feita ao "coitado do garoto que nem teve chances de se explicar!".

Quando saiu de casa após brigar com o filho, o pai do Rafa percebeu que aquela agressão toda fora desnecessária. Ainda no carro, de volta ao trabalho, interrompido pela esposa que ligou no meio da tarde, pedindo-lhe que a pegasse no supermercado (o que o deixou alterado emocionalmente), pensou no filho e conscientizou-se de que canalizara para ele a irritação com a esposa, descontando ali sua insatisfação. Mas, não era só isso! O motivo tinha a ver com algo anterior, com a sua própria sexualidade. Naquele momento passou um filme na sua cabeça: quantas vezes foi para a casa todo "melado" após namorar com a, agora, esposa? Quantas situações de constrangimento com a mãe pela cueca suja? Quantas sessões de masturbação em toda natureza de lugares? E agora aquela postura conservadora com o filho! Lembrou-se do conceito freudiano sobre projeção, que explica um comportamento humano muito comum de projetar no outro os seus próprios conteúdos não aceitos pelo ego, ou seja: aquilo que não gostamos, que repudiamos e que está reprimido em nós mesmos será, na projeção, atribuído ao outro. "Foi uma defesa!", pensou. Mas, defesa do quê? — Teve um forte *insight*: vergonha, claro! Recordou do seu sentimento de vergonha cada vez que alguém ria dele, como os seus irmãos mais velhos, por exemplo, faziam cada vez que percebiam as suas confusões e situações constrangedoras ligadas a desejo, excitação, masturbação, namoradas, enfim, sobre a sexualidade dele. Também cada vez que seus pais o surpreendiam nas mesmas situações e o reprimiam.

Agora, mesmo percebendo nos olhos do filho todo o constrangimento contido, foi capaz de brigar com ele. "Como pude?" Pensou em rever a sua posição repressora e conversar (consertar) com o filho "numa boa" em casa. Talvez revelar a ele que também já passou por isso. "Que vergonha! É melhor deixar quieto, deixa pra lá!", pensou, enquanto entrava na empresa já se envolvendo com suas atividades.

Uma das maiores dificuldades dos pais que se comunicam mal com os filhos é praticar o diálogo empático, aquele constituído de dar exemplos, assumir erros e ouvir. Estes são substituídos por coerção, ameaças e posturas autoritárias. Esses indivíduos não suportariam a idéia de assumir junto ao filho suas "fraquezas" da juventude e, como defesa, são repressores.

Graças a isso o retorno do pai do Rafa para casa foi um alívio para todos. Para ele, ao ouvir da mulher que era cola e não esperma o que havia na calça do filho, e mais, constatou vendo a calça. Agora não precisava ter com o filho aquela conversa prometida. Para a mãe que, mais uma vez, apagou um foco de incêndio na família, papel que já vinha exercendo há algum tempo, e para o Rafa que se "deu bem". Após tudo o que aconteceu, ele ainda saiu por cima com aquela cara de vítima característica dessa garotada. E assim o tempo passa em algumas famílias. Muita manipulação, muito jogo de interesse, muita repressão e pouco diálogo e transparência.

Em outras famílias observa-se o comportamento que alguns teóricos apontam como o resultado da repressão sexual sofrida pelos pais na sua geração, que resulta em que estes sejam, hoje, altamente permissivos com os filhos, ou seja, a repressão sofrida, ao contrário do exemplo acima, por conta de um fenômeno da modelação que

O papel da família e da escola na educação sexual

vimos na primeira parte quando falamos em gravidez na adolescência, deu origem não à repressão, mas, ao contrário, a uma dificuldade em estabelecer limites, inclusive o limite do prazer, da livre expressão da sexualidade dos filhos. Sem dialogar, esses pais se esquecem de que os jovens nessa idade não conseguem um planejamento a longo prazo, são onipotentes e, por isso, objetos de risco quanto às DST e à gravidez na adolescência, como já vimos também.

A falta de diálogo deixa os jovens desprovidos de informação sobre a sexualidade, o que pode resultar em prática sexual pouco refletida. Outra conseqüência da falta de diálogo é que pode originar nos filhos a sensação de que ninguém se interessa por eles e pelas suas decisões. Isso gera desestímulo e passividade (falta de objetivos), o que pode culminar nos comportamentos sexuais inconseqüentes do futuro.

O que é essa tão falada repressão e como isso se reverte em prejuízos aos reprimidos? Vamos ver!

Tanto o aspecto fisiológico como o psicológico têm o seu desenvolvimento de forma simultânea. Uma das primeiras curiosidades: "De onde vêm os bebês?" ocorre sem que a criança conheça o conceito sexo. Uma criança de 3 anos deveria saber que bebês nascem da barriga da mãe, que eles têm um pênis que às vezes fica ereto e que as meninas são diferentes. Começa aí a responsabilidade dos pais com relação à sexualidade do filho, e se estende com o momento em que ele começa a se tocar. Alguns pais o reprimem nesse momento, dizendo que isso é feio. Da mesma forma, os pais que demonstram ao filho que o funcionamento da bexiga e do intestino é algo desagradável ou nojento, tendem a colocar as relações sexuais no mesmo plano, influenciando o filho a associar que o que é sujo, é mau! Este, levado a culpar-se pela "sujeira" da eliminação, poderá desenvolver auto-rejeição inconsciente mais tarde.

Muitos pais desconhecem que o controle dos *sfincters* vem pela maturação nervosa, um processo biológico, e não pela imposição que possam exercer sobre o filho.

Entre os 6 e 10 anos, o menino apresenta desprezo pelas meninas e vice-versa. É o período latente no qual ocorrem as experiências bissexuais com freqüência. Pais que reprimem os filhos nesse momento poderão originar fortes conflitos que trarão prejuízos ao desenvolvimento da sexualidade da criança. As descobertas sexuais, como o prazer peniano, vaginal e anal, normais em todos os seres humanos nesta fase, não são aceitos por pais repressores que proíbem e até punem seus filhos quando percebem o fenômeno. É quando as crianças iniciam o seu repertório de manipulação dos pais desenvolvendo jogos e brincadeiras, a fase do brincar de médico e de papai e mamãe. No entanto, a partir dessa experiência, tudo o que fizerem relativo ao sexo estará associado com vergonha, culpa e pecado, ou seja, terá um sentido negativo. Os sentimentos sexuais passarão a representar segredos invioláveis. As dúvidas não poderão ser tiradas em casa, resta a rua, os amigos! E daí... já vimos!

O papel da família e da escola na educação sexual

Os princípios fundamentais para a correta educação sexual dos filhos

O comportamento sexual humano se expressará no contexto de uma cultura familiar e dos padrões que a caracterizam. Como vimos, algumas famílias são culturalmente permissivas e outras, restritivas. Tanto um modelo quanto o outro proporcionarão conseqüências na qualidade da sexualidade futura dos seus filhos, como também vimos.

Sobre pais restritivos há uma antiga piada de humor negro em que a garota adolescente chega em casa e diz aos pais: "Estou grávida!". Foi aquela surpresa geral que, imediatamente, se transformou numa revolução total dos pais: "Mas, como, minha filha?", "Você está brincando?", "Como isso foi acontecer?". Perguntaram os pais numa inquisição sem tréguas. Com a confirmação da filha e, já conformados, veio a pergunta definitiva: "E quem é o pai?". Ao que a filha respondeu: "Não sei, vocês nunca me deixaram namorar a sério!".

Voltando a falar sério, compreendemos que toda família idealiza o melhor para a sua prole e os esforços são para que os filhos aprendam a respeitar o outro, a conviver com as diferenças, a valorizar a vida e a viver com dignidade preservando os valores humanos. No entanto, apesar das boas intenções, muitos desses pais têm sérias dificuldades em promover esse equilíbrio no decorrer da formação dos filhos, mais propriamente dito, na maturação sexual deles, e amargam frustrações muitas vezes irreparáveis. O que fazer? Qual o posicionamento correto, padrão? Há um manual sobre como educar os filhos no âmbito da sexualidade?

Receitas prontas nunca fizeram parte dos princípios das ciências humanas, notadamente da Psicologia do Comportamento Humano. No entanto, é sabido, historicamente, que alguns princípios, quando adotados com critério, indicam reais probabilidades do sucesso dessa educação.

A informação – Conhecer o que a ciência concluiu ao longo de anos e anos de pesquisas a respeito da sexualidade humana e que tipos de informações deverão ser passadas aos filhos nas várias etapas do desenvolvimento sexual deles é obrigação dos pais. O casal deverá conhecer esse conteúdo de forma conjunta, deverão discutir valores incompatíveis aos seus e promover dessensibilização como, por exemplo, acostumar seus filhos a vê-los, de vez em quando, sem roupas, desde o primeiro ano de vida deles. Esse simples hábito facilitará de forma substancial suas funções de educadores.

Tirar dúvidas sobre questões conflitantes com especialistas médicos e psicólogos do desenvolvimento e especialistas em sexualidade humana, conhecer todo o aparelho reprodutivo masculino e feminino e suas funções básicas, e pesquisar sobre educação sexual para as várias fases do desenvolvimento da criança são exercícios que facilitarão a comunicação de pais com filhos, sobre a questão sexualidade.

A desinformação, ou informação superficial, poderá implicar em que o filho venha a contestar os pais futuramente, e perder a confiança neles. Devemos nos lembrar de que os jovens desta atual geração são (ou podem ser) muito bem informados graças à escola e à internet. Esta eles têm à disposição em quase todos os lugares que freqüentam.

O afeto – A não-repressão já é, por si só, um grande passo na direção ao sucesso da educação sexual dos filhos e indica características afetivas dos pais. A associação com respeito humano que um indivíduo desenvolverá e adotará na vida adulta possui estreita relação com os níveis afetivos recebidos de seus pais no decorrer do seu desenvolvimento. O equilíbrio psicossexual do indivíduo e a sua capacidade de amar, no mais amplo sentido, também tem a origem na qualidade do afeto recebido. Pais afetivos raramente se expressam de forma crítica como chamar de "feio" o filho se tocar, por exemplo, eles reagem às primeiras curiosidades sexuais dos filhos ainda na primeira infância com frases do tipo "o nosso corpo é maravilhoso, não?", durante o banho do filho.

A referência – É quase impossível para uma criança absorver aprendizado que seja antagônico ao que os pais praticam. Se a mãe a está ensinando a não ter vergonha do corpo nu, por exemplo, deverá também não ter vergonha do seu próprio corpo durante o banho coletivo com o filho e o marido. O equilíbrio no relacionamento dos próprios pais é excepcional referência para as relações estáveis dos filhos. Por outro lado, casais que não se respeitam e se agridem constantemente serão modelos negativos para as futuras relações dos filhos. Não se deve forjar exemplos. As crianças possuem invejável capacidade de percepção a respeito das características de cada elemento da família. Portanto, os pais não devem simular comportamentos desejáveis para que sejam imitados pelos filhos. Se os valores éticos e morais dos pais a respeito, por exemplo, da masturbação são fundamentados em aspectos religiosos que a proíbem, não há como conciliar esses valores com as propostas da ciência que sugere ser a masturbação um comportamento saudável dentro de determinados limites e que ajuda no desenvolvimento sexual. Os pais, a despeito do antagonismo e das conseqüências que uma ou outra orientação possa trazer, devem em conjunto encontrar uma solução adequada que represente acima de tudo o comportamento usual da família. A decisão dos pais sobre como conduzir uma situação como essa não é fácil. Eles deverão conciliar todos os princípios educacionais e aplicá-los desde as primeiras fases do desenvolvimento dos filhos a partir da decisão do casal, mas sempre tendo em mente que é através do exemplo que o sucesso será obtido. Esses pais deverão estar muito bem preparados até para responder perguntas dos seus filhos adolescentes do tipo: "Vocês nunca se masturbaram?".

As características da cultura familiar tendem a se perpetuar nas futuras gerações. Quando valores sociais humanos como respeito, cidadania, justiça, moral e ética, entre tantos outros, fazem parte da rotina dos pais, seus filhos tenderão a modelar esses exemplos. Outros comportamentos dos pais também são imitados com freqüência. Alguns adolescentes envolvidos intensamente com esporte, música ou outras atividades relatam com freqüência que a decisão foi facilitada pelo estímulo dos pais que também praticam as atividades.

A *comunicação* é uma arte que requer alto grau de sensibilidade dos pais sobre a capacidade de recepção (maturação) do filho a respeito do conteúdo a ser comunicado. Tentar informar o filho de 3 anos sobre DST e métodos contraceptivos poderá provocar nele a incompreensão total do assunto e o desenvolvimento de medos irreais e até sexofobia no futuro. A comunicação deverá ser progressiva dentro das capacidades cognitivas dos filhos e fundamentada no seu princípio maior que é o conceito de "mão dupla": comunicar-se implica ouvir. E ouvir é outra habilidade a ser desenvolvida antes que os filhos aprendam a falar, e bem apurada quando eles começarem a contestar e exigir respostas aos seus complexos questionamentos.

A capacidade de se comunicar, na sua essência, implica estar preparado a dar respostas. E mais, a dar respostas a perguntas dos filhos adolescentes do tipo "mãe, o que você sentia na época em que namorava o papai e ele ultrapassava os limites?". — Não é nada confortável essa situação a não ser que esta mãe tenha construído um vínculo consistente no que diz respeito à transparência, para atender esse tipo de anseio dos filhos e relatar suas questões mais íntimas com relação à sua própria sexualidade como sentimentos e sensações, por exemplo. Estudos comprovam que as mães são as melhores orientadoras quando o assunto é sexo. Os pais são menos comunicativos a respeito desse tema.

Participação – Pais ausentes têm mais dificuldade na educação dos filhos, notadamente na sua educação sexual. Se os pais não estiveram presentes na hora das dúvidas e dos questionamentos dos filhos, estes tenderão a buscar informação e apoio fora de casa. Estar presente na vida do filho não implica necessariamente na presença física o tempo todo, mas, antes, na certeza de que o filho tenha em contar com o interesse dos pais nas suas necessidades.

Pais participativos são aqueles que sabem o nome e o endereço dos principais amigos dos filhos, sabem o que fazem os pais desses amigos e quais são os valores dessas famílias cujas casas seus filhos freqüentam. Sabem os locais que os filhos costumam ir quando não estão em casa, promovem reuniões com os amigos dos filhos e, quando possível, com os pais dos amigos para aproximá-los da sua cultura e valores. Freqüentam a escola dos filhos, conhecem seus professores e as dificuldades e facilidades dos filhos com as várias matérias. Participar é isso e muito mais, é estar disponível para os filhos quando eles precisarem, é demonstrar verdadeiro interesse pelas questões deles, todas elas, por mais que possam parecer desproposidas ou fora do contexto.

Pais participativos conduzem seus filhos pelos caminhos muitas vezes tortuosos que eles precisarão trilhar. Orientam seus jovens que precisam, nessa fase da vida, apesar de que na maioria das vezes não têm essa consciência, desse apoio, dessa presença, dessa energia. É por meio dessa postura que os pais estarão promovendo a sua tarefa de educar. Educar não é só impor limites, mas também ensinar o filho a controlar os seus impulsos, pois na adolescência quase todas as ações são resultados impulsivos. Ensinar o equilíbrio entre a razão e a emoção a um filho é tarefa de pais presentes, pais verdadeiramente participativos.

O psiquiatra Carlos Hecktheuer desenvolveu um texto muito interessante para ilustrar este tópico "participação", e que transcreveremos aqui. O título é "Mãe Má" e o texto aponta para os limites entre educação, amor e autoritarismo:

> *Um dia, quando meus filhos forem crescidos o suficiente para entender a lógica que motiva os pais e as mães, eu hei de dizer-lhes: eu os amei o suficiente para ter perguntado aonde vão, com quem vão e a que horas regressarão.*
>
> *Eu os amei o suficiente para não ter ficado em silêncio e fazer com que vocês soubessem que aquele novo amigo não era boa companhia.*
>
> *Eu os amei suficiente para os fazer pagar as balas que tiraram do supermercado ou revistas do jornaleiro, e os fazer dizer ao dono: "nós pegamos isto ontem e queríamos pagar".*

Eu os amei o suficiente para ter ficado em pé, junto de vocês, duas horas, enquanto limpavam o seu quarto, tarefa que eu teria feito em 15 minutos.

Eu os amei o suficiente para os deixar ver além do amor que eu sentia por vocês, o desapontamento e também as lágrimas nos meus olhos.

Eu os amei o suficiente para os deixar assumir a responsabilidade das suas ações, mesmo quando as penalidades eram tão duras que me partiam o coração.

Mais do que tudo, eu os amei o suficiente para dizer-lhes NÃO, quando eu sabia que vocês poderiam me odiar por isso (e em alguns momentos até odiaram).

Essas eram as mais difíceis batalhas de todas. Estou contente, venci... porque no final vocês venceram também!

E em qualquer dia, quando meus netos forem crescidos o suficiente para entender a lógica que motiva os pais e as mães; quando eles lhes perguntarem se sua mãe era má, meus filhos vão lhes dizer:

"Sim, nossa mãe era má, era a mãe mais má do mundo... As outras crianças comiam doces no café da manhã e nós só tínhamos de comer cereais, ovos, torradas; as outras crianças bebiam refrigerantes e comiam batatas fritas e sorvete no almoço e nós tínhamos de comer arroz, feijão, carne, legumes e frutas. Mamãe tinha de saber quem eram nossos amigos e o que nós fazíamos com eles. Insistia para que disséssemos com quem íamos sair, mesmo que demorássemos apenas uma hora ou menos. Ela insistia sempre

conosco para que lhe disséssemos sempre a verdade e apenas a verdade.

E quando éramos adolescentes, ela conseguia até ler os nossos pensamentos. A nossa vida era mesmo chata!

Ela não deixava os nossos amigos tocarem a buzina para que saíssemos; tinham de subir, bater à porta, para ela os conhecer.

Enquanto todos podiam voltar tarde da noite com 12 anos, tivemos de esperar pelo menos 16 para chegar um pouco mais tarde, e aquela chata levantava para saber se a festa foi boa (só para ver como estávamos ao voltar).

Por causa de nossa mãe, nós perdemos imensas experiências na adolescência.

Nenhum de nós esteve envolvido com drogas, roubo, atos de vandalismo, violação de propriedade, nem fomos presos por nenhum crime.

Foi tudo por causa dela!

Agora que já somos adultos, honestos e educados, estamos fazendo o melhor para sermos pais maus, como minha mãe foi".

Eu acho que este é um dos males do mundo de hoje: NÃO HÁ SUFICIENTES MÃES MÁS!

Para concluir este capítulo sobre a correta educação sexual dos filhos adolescentes, vamos transcrever, aos pais, dez conselhos elaborados em 2005 pelo Instituto Kaplan de São Paulo:

• Fuja do discurso imperativo (faça isso, faça aquilo). Seja espontâneo e assuma suas dificuldades, se for o

caso. Diga "fico meio atrapalhado para falar sobre isso, mas acho importante";
- Falar sobre prevenção é indispensável, mas temas como amor, paixão, desejo, rejeição, aceitação do corpo, beleza e amizade são tão urgentes quanto;
- Coloque-se disponível, mesmo que a reação deles seja de rejeição. Se o adolescente não quiser falar, respeite-o e deixe claro que você está lá para o que der e vier;
- Não negue a sexualidade adolescente. Tente recordar de si e das incertezas que fazem parte desta fase. Fale do que sentia na época. Diga que é normal a insegurança, que as pessoas não nascem sabendo e que essa é uma fase de muitas mudanças;
- Entre no mundo deles, conheça seus amigos e o que eles pensam. Pergunte a opinião deles ao invés de impor a sua. Mostre interesse pelo que ele sente por determinada pessoa ou em certas situações;
- Evite bisbilhotar conversas e fazer perguntas diretas sobre namoro e transa, o que pode soar como invasão de privacidade. Os pais não precisam conhecer detalhes. Estamos falando de intimidades;
- Use notícias, pesquisas e casos próximos para falar sobre sexo. Não espere situações limite ou o momento em que você acha que ele está para dar um passo à frente. Pode haver muita tensão;
- Crie uma aliança e não um embate. Nunca estabeleça uma conversa para depois reprimir ou castigar. Isso quebra a confiança;

- Não se iniba de defender seus valores e impor limites (hora de chegar, aonde ir). Eles precisam disso, mas escute sem fazer julgamentos ou condenações;
- Se sexo não for um assunto habitual em casa, não espere que seja habitual logo no início. É preciso paciência.

Agora vamos sair um pouco da relação familiar e entrar no universo do outro ambiente educacional, a escola. Não somente entendendo-a como um espaço físico destinado à educação, mas, também, como o local onde as principais relações acontecem, ambiente no qual a maioria dos adolescentes inicia os seus contatos com o sexo oposto.

O papel da escola na educação sexual dos alunos

Generalizar esse papel da escola é missão impossível, pois se trata de um universo relativo quando se fala em educação sexual. Há as mais liberais, assim como aquelas mais conservadoras, há escolas com programas delineados e em desenvolvimento, desde as primeiras séries do ensino fundamental, e há outras que ensinam a biologia da sexualidade humana na 8ª série. Há escolas públicas com propostas municipais interessantes e também outras sem programa algum, enfim, como falamos, não dá para falar da "escola no Brasil", como se fosse algo uníssono.

Assim, apresentar um programa de educação sexual poderá ser ideal para algumas escolas, repetitivo para outras e ousado para tantas mais. No entanto, de qualquer forma, quem aplica um programa desses é o professor e esse é o mesmo em todas as escolas e será o nosso principal foco.

O professor é a ponte entre a instituição e o aluno. Ele representa a escola e seus princípios. No que se refere ao ensino pedagógico é certo que ele é competente e domina profundamente a sua disciplina e a metodologia de ensino. No entanto, temos sete perguntas a saber:

- Um professor de Biologia, por exemplo, está apto a apresentar o comportamento esperado para promover a educação sexual dos seus alunos? (Os fundamentos: informação, afeto, referência, comunicação e participação).
- É qualificado para tratar da subjetividade da educação sexual e focar o ensino na educação psicossexual dos seus alunos?
- Tem repertório de educação sexual para se comunicar com os alunos das várias faixas etárias?
- Possui habilidades sociais de comunicação suficientes para formar vínculos afetivos com seus alunos?
- Domina as técnicas das dinâmicas de grupo com crianças e adolescentes?
- É motivado para atuar nessa função de educador sexual?
- Tem o apoio dos pais dos alunos e da escola?

O papel da família e da escola na educação sexual

Essas são as variáveis, no professor, responsáveis pelo sucesso ou fracasso de qualquer programa que se proponha a preparar os alunos para um equilíbrio psicoemocional a respeito das questões sexuais.

Procuraremos trazer aqui algumas propostas que certamente contribuirão no aprendizado pessoal do professor e da escola, pois a essência da vida é o constante aprendizado.

As habilidades sociais de comunicação do professor

Para falar sobre esse tema, é muito interessante mostrar seu contraponto, ou seja, a inabilidade social, cujos principais sinais são:

- Autoritarismo – agressividade verbal (dificuldade na comunicação assertiva);
- Desrespeito às individualidades;
- Falta de repertório nas relações interpessoais;
- Dificuldade na "leitura" do ambiente;
- Baixo nível de confiança;
- Dificuldade no autocontrole;
- Indisponibilidade e fragilidade nas relações;
- Deficiência de valores morais e éticos;
- Dificuldade em transmitir calor, afeto e apoio;
- Inflexibilidade emocional;
- Dificuldade de adaptação a mudanças;
- Baixo nível de informação;

- Auto-estima rebaixada;
- Auto-agressão.

A inabilidade social pode desenvolver no indivíduo comprometimentos, tensões, perdas e inseguranças capazes de gerar, além de representativas dificuldades nas relações interpessoais, uma variedade de problemas psicológicos que vão desde o estresse, a inflexibilidade e a perda da capacidade criativa, até a ansiedade, a depressão e as psicopatologias mais graves.

É claro que se essa relação indica inabilidade social e suas conseqüências, as habilidades sociais serão caracterizadas por um conjunto dos desempenhos apresentados pelo indivíduo diante das demandas de uma situação interpessoal que o caracterizam como "ajustado". Ajustamento, de acordo com o psicólogo americano Abraham Maslow, é a característica do indivíduo mais espontâneo e comunicativo, menos bloqueado, menos crítico de si mesmo, mais aberto e honesto, que mais facilmente expressa seus pensamentos e opiniões, sem medo do ridículo, que é intelectualmente flexível, que não teme o mistério e o desconhecido (ao contrário, é atraído por ele), que conserva características próprias da criança, como vivacidade e inocência, o que, juntamente com uma inteligência adulta, o torna uma pessoa muito especial.

Os componentes das habilidades sociais são essencialmente cognitivos-afetivos e comportamentais. Estes são os componentes verbais de conteúdo de acordo com

Zilda e Almir Del Prette no seu livro *Psicologia das Habilidades Sociais*:

- Fazer perguntas/responder a elas;
- Solicitar mudança de comportamento;
- Lidar com críticas;
- Pedir/dar *feedback*;
- Opinar, concordar, discordar, justificar-se;
- Elogiar, recompensar, gratificar, agradecer;
- Fazer pedidos, recusar, auto-revelar-se (uso do eu);
- Uso do humor.

Tudo isso significa, em outras palavras, dizer "obrigado", "por favor", "com licença" etc., habilidades que, muitas vezes, não estão presentes no repertório de muitas pessoas. Por outro lado, o professor, por exemplo, que possui essas habilidades e as pratica com seus alunos invariavelmente é querido e respeitado por eles.

Finalizando o tópico das habilidades sociais comportamentais, vamos às não-verbais:

- Olhar e contato visual;
- Sorriso;
- Gestos;
- Expressões facial e corporal;
- Movimentos com a cabeça;
- Contato físico;
- Distância e proximidade.

Aqui, a expressão corporal denota, muitas vezes, mais importância na comunicação do que a verbal. Por exemplo: um professor pode dizer ironicamente ao seu aluno "tudo bem", quando, obviamente, não está nada bem. Ou pode falar que está contente e demonstrar uma expressão triste. O que será processado pelo aluno é, antes de mais nada, o comportamento não-verbal, em detrimento do que está sendo dito. Procure se lembrar como isso ocorre conosco. Se, em algum momento, alguém nos fez uma promessa, demonstrando insatisfação ou sinais negativos ao que prometeu, como, por exemplo, negativa com a cabeça ou qualquer gesto incongruente com o conteúdo, sentimo-nos inseguros e desprotegidos. É assim mesmo; nós acreditamos muito mais no que não é dito.

Com a explicação das possíveis causas das inabilidades sociais que originam as dificuldades inter-relacionais, o leitor, agora, possui um instrumento para avaliar caso a caso, inclusive a si próprio. Uma auto-avaliação da sua estrutura e do seu próprio papel poderá facilitar, e muito, as relações em sala de aula. Há uma antiga parábola de uma mãe que leva seu filho ao sábio e pede a ele que diga à criança para parar de consumir açúcar. O mestre pede à mãe que volte dali a uma semana. Na semana seguinte, a mãe retorna com o filho, e o sábio, olhando nos olhos da criança, diz com firmeza: "Pare de consumir açúcar, isso não faz bem e pode trazer sérios problemas mais tarde". A mãe, curiosa, pergunta ao mestre porque a mandou voltar somente dali a uma semana para dizer isso ao filho, ao que o sábio lhe respondeu: "Uma semana atrás, eu consumia açúcar!".

Precisamos rever nosso comportamento e adequá-lo às várias situações com as transformações necessárias para, então, propormo-nos a educar. Devemos identificar se as nossas próprias habilidades comportamentais e cognitivas afetivas são coerentes com o que exigimos dos nossos alunos.

Existem três formas clássicas de comunicação: a agressiva, na qual o indivíduo diz o que quer, na hora que quer e para quem quer. A segunda é a passiva, em que o indivíduo não diz o que gostaria de dizer. Tanto uma como a outra não nos interessam. Afinal, estamos falando em habilidades sociais positivas. O que nos interessa é a comunicação assertiva: a expressão de pensamentos e sentimentos (positivos ou negativos) para a defesa dos direitos e dos valores próprios, levando em conta o que as pessoas sentem e seu bem-estar.

Quem nunca presenciou a cena de um amigo relatando ao outro seu sentimento: "Cara, não é nada disso, você não entendeu nada do que eu falei!". Isso não é novidade. Muitas pessoas procuram por terapia somente para ser ouvidas e corretamente interpretadas. A frase "as pessoas não me compreendem" está presente no discurso de muita gente. Sobre isso, Artur da Távola identificou 11 pontos que mostram o quanto é raro e difícil se comunicar. Apresentaremos alguns deles:

- Em geral, o receptor não ouve o que o outro fala; ele ouve o que o outro não está dizendo;
- O receptor não ouve o que o outro fala; ele ouve o que quer ouvir;

- O receptor não ouve o que o outro fala; ele ouve o que já escutou antes e coloca o que o outro está falando naquilo que acostumou a ouvir;
- O receptor não ouve o que o outro fala; ele ouve o que imagina que o outro ia falar;
- Numa discussão, em geral, os discutidores não ouvem o que o outro está falando; eles ouvem quase que só o que estão pensando para dizer em seguida;
- A pessoa não ouve o que o outro fala; ela apenas ouve o que está sentindo;
- A pessoa não ouve o que a outra fala; ela ouve o que já pensava a respeito daquilo que a outra está falando.

O professor com um bom nível de ajustamento é caracterizado como hábil, socialmente falando. É querido pelos alunos, possui um forte vínculo com a turma e exerce uma liderança natural na classe. Esse professor estará capacitado a trabalhar os conteúdos neste livro tratados, com os seus alunos, e com prognóstico de grande sucesso na gratificante tarefa de prepará-los para a vida sexual equilibrada, de respeito ao próximo e com muitas gratificações.

Metodologia

Não vamos tratar aqui dos aspectos biológicos referentes à educação sexual de adolescentes. Estes, já vimos na primeira parte e não são o foco da nossa proposta, apesar do reconhecimento da sua imperiosa importância na educação sexual. Vamos tratar de dar

O papel da família e da escola na educação sexual

respostas à busca desses alunos por uma "verdade" sobre o sexo, os aspectos socioculturais, os tabus, enfim, a responder às suas ansiedades já vistas aqui.

A Fundação Emílio Odebrecht desenvolveu um método bastante eficaz que servirá para ilustrar as propostas que apresentaremos. A eficácia desse método foi comprovada ao longo de quase 20 anos, pela mudança de percepção, consciência e atitude dos jovens em relação à sua vida sexual. Trata-se de produzir um material educativo feito por jovens para jovens. Esse método possui amplo valor por não apresentar uma receita pronta para todos, e por permitir que programas com conteúdos específicos regionais sejam criados por jovens que vivem sob as mesmas normas culturais e anseios pessoais daquela região.

A idéia é que os próprios alunos construam um programa educativo a partir das questões colocadas por eles mesmos, sob a supervisão do professor especialista. Após aprovado o programa, alunos mais velhos, das séries mais avançadas, serão, de forma voluntária, assistentes do professor nas aulas aos mais novos. Esse método atende uma teoria a respeito de que conteúdos para jovens, quando transmitidos também por jovens, terão maiores probabilidades de atingir seus objetivos. Assim, poderemos projetar uma aula de educação sexual em dinâmica de grupo, na qual o professor responderá às questões de ordem biológico-reprodutivas e os alunos assistentes, às questões subjetivas como sensações e sentimentos, por exemplo.

O Programa Educativo: É possível construir o protótipo do programa com alunos do ensino médio a partir das seguintes fases:

1º passo: relacionar as principais questões deles em dinâmicas de grupo, pertinentes à sua própria sexualidade. Pede-se que relacionem essas questões em folhas individuais. Ao final deveremos ter questões assim:

- Quando a menina está pronta para o sexo?
- Como saber se a garota quer ter relações sexuais?
- Por que o menino é liberado pela família e a menina, controlada?
- É certo ou errado ficar beijando vários(as) parceiros(as) na festa?
- Por que o menino já vai "passando a mão" depois dos beijos mais quentes?
- Qual é o comportamento esperado ou desejado pelos garotos?
- Qual é o comportamento esperado ou desejado pelas garotas?
- Qual a diferença entre paixão e amor?
- Qual a importância da virgindade para as meninas?
- Quais as fantasias sexuais delas?
- Quais as fantasias sexuais deles?
- O que é preciso para conquistar alguém?

Com o material já definido por eles, o próximo passo é dar as respostas a essas questões sob o filtro do professor. O próximo encontro será para a elaboração dessas respostas pelos próprios alunos.

2º passo: Em outro momento, o enunciado poderá ser: "Construam uma seqüência de vantagens e outra de desvantagens entre ser homem ou mulher". Novamente em dinâmica, todos deverão dar respostas, discutir e fechar em consenso um relatório final.

3º passo: Será uma dinâmica com os alunos em relaxamento, de olhos fechados e papel e caneta à mão. O professor apresenta o seguinte enunciado: "Você já é adulto(a), casado(a) e tem um casal de filhos gêmeos com 13 anos. Quais os conselhos sobre sexo que você daria agora para os seus filhos?" – Pede-se que abram os olhos e, em silêncio, relacionem com honestidade os conselhos que supostamente dariam aos filhos. – Recolhe-se o material e faz-se o levantamento dos conteúdos apresentados. Estes serão apresentados ao final com os índices estatísticos, por exemplo:

38% = o tema mais sugerido foi: "Preparar a filha para não acreditar totalmente nas conversas dos meninos";

32% = o segundo tema mais sugerido foi: "O uso de preservativos nas relações sexuais".

E assim por diante.

Ao final do trabalho, com os três temas ter-se-á o material que fundamentará, ou seja: será a base do programa educacional. Esse material deverá ser processado em tópicos e poderá ser apresentado por representantes dos alunos participantes, acompanhados do professor, em forma de aulas, teatro ou filme para alunos de uma ou duas séries abaixo.

Percebe-se que as maiores vantagens de um programa desse nível estão no fato que 1) são os próprios adolescentes que o criaram a partir das suas próprias necessidades; 2) houve uma coordenação profissional que completará o programa com as informações biológico-reprodutivas-preventivas; e 3) os mesmos alunos que o produziram, voluntariamente, apresentarão, supervisionados, o trabalho às outras turmas.

A escola, quando realmente envolvida no processo da educação sexual dos seus alunos, poderá criar em cima da idéia central e envolver os pais no processo. Por exemplo, em um vídeo, poderemos ter entrevistas com os pais dando pareceres sobre determinados conteúdos do programa. Os pais também poderão (e deverão) se envolver preenchendo questionários com perguntas sobre as mudanças no comportamento dos seus filhos após o programa.

A escola deverá, também, dar oportunidade para que os mais novos construam o seu próprio programa. Enfim, se conseguir programas criados por alunos da 1^a e 2^a – da 3^a e 4^a – da 5^a e 6^a – da 7^a e 8ª séries e do ensino médio terá ao final cinco programas que poderão ser adotados, com a autorização dos pais, em toda a instituição.

Qualquer material educativo deverá conter elementos de educação, informação e comunicação que provoquem nos jovens, professores e pais uma reflexão capaz de promover mudanças. Mudanças para uma vida menos conflitiva e mais voltada para a qualidade.

Conclusão do tema sexualidade

Treze anos! Nasceu anteontem! Ontem ainda era criança e brincava inocentemente, os pais eram seus ídolos, não largava deles! Hoje, acha que já é adulto, exige independência e quer tomar decisões por conta própria! Esta é a surpresa de milhões de pais e mães no mundo todo. Um fenômeno que acontece tão rapidamente quanto uma Tsunâmi ou um Tornado que, quando chegam, pegam todo mundo desprevenido e provocam grandes estragos, verdadeiras revoluções em toda a estrutura familiar. Ninguém sabe o que fazer na hora, nem os pais e muito menos os filhos. As atitudes são de bombeiro: apagar os focos de incêndio. Algumas vezes tentam conversar, em outras, aplicam repressão ou... "deixa pra lá, é problema dele, ele que faça o que quiser, eu tenho mais o que fazer!".

O fenômeno é menos traumático quando o filho é homem. Ainda vivemos sob os efeitos de um inconsciente coletivo cultural que nos faz acreditar que eles são menos vulneráveis, se defendem com mais facilidade, não têm nada a perder. Mas, quando se trata dela, a vulnerável filhinha, com aqueles lobos lá fora querendo se aproveitar da sua ingenuidade, aí não! "Cabritos soltos e cabritas trancadas."

Pais que até aqui sabiam o que fazer se sentiam seguros com relação ao futuro e à educação dos filhos, agora amedrontados, inseguros, com sentimento de culpa, relatam: "Aonde foi que eu errei?". – Perdidos, não sabem o que fazer diante postura desafiadora dos filhos. É comum o uso de repressão nesses momentos, do tipo "aqui quem manda sou eu, não vai sair e pronto!". Mas, invariavelmente se arrependem mais tarde quando o filho retalia com indiferença e isolamento. Tentam, então, a reaproximação: "Filho, veja bem... o pai quer o melhor pra você..." O filho parece ceder, elaboram um acordo e, no dia seguinte... começa tudo de novo. Por outro lado, os liberais tentam "tapar o sol com a peneira" e, muitas vezes, mais tarde quando se dispõem a olhar para o filho, se assustam com situações irreparáveis como a gravidez ou a AIDS, por exemplo.

Tivemos a preocupação de apontar aqui uma realidade que nem todos os pais estão preparados para ver. Por outro lado é certo que os adolescentes se identificarão plenamente com as ilustrações. Alguma minoria poderá até, como defesa ou pouco esclarecimento, argumentar, "não é bem assim!", mas, lá no fundo, sabem que é assim e muito mais.

Quando dizemos muito mais, estamos falando no uso de drogas, assunto não tratado até aqui, mas que merece todo o alerta dos pais e será visto no capítulo "Os adolescentes e as drogas". Todo aquele emaranhado de inseguranças dos jovens com relação à sua própria sexualidade pode ser a porta para o uso de drogas como o álcool, por exemplo. É comum que alguns bebam para sentir "coragem" de tomar iniciativas, outros, no momento da indecisão (típico nessa fase), poderão ceder às outras drogas, como a sempre moderna e atual maconha, para "fazer parte da turma".

A vulnerabilidade desses adolescentes é muito grande! Tanto que eles precisam de proteção familiar mesmo quando estão dizendo que não, mesmo quando estão agredindo. Algo para ser ilustrado com uma parábola: O sábio tentava tirar da água um escorpião que o picava em cada tentativa frustrada. O discípulo fala: "Mestre, por que o senhor continua tentando salvar o escorpião se ele tenta picá-lo?". Ao que o sábio responde: "A natureza dele é picar e a minha é de salvá-lo!".

Apontamos, não somente para a educação sexual, aquela biológico-reprodutiva, mas também para a educação psicossexual dos adolescentes, que é muito pouco ofertada pela escola e pela família em geral. Vivemos ainda numa sociedade hipócrita, regida por paradigmas e mascarada por comportamentos sociais e religiosamente aceitos, que muitas vezes são grosseiras manipulações. São somente máscaras para esconder o que realmente sentimos, queremos e fazemos com relação à sexualidade.

A geração atual sabe muito bem disso, está descobrindo a sexualidade cada vez mais cedo e desenvolveu uma tendência a se distanciar dos adultos, como uma defesa ao que não querem para si.

Para tentar uma reaproximação, e como forma preventiva para evitar esse distanciamento, apresentamos uma série de repertórios que, quando adotados por pais e professores, representarão novas ferramentas para a conquista da confiança e amizade dos filhos e alunos. Estes visam à construção de vínculo capaz de promover uma aproximação tal que os pais e professores possam resgatar o seu papel de educadores que são. Assim poderão ajudar os jovens a buscar estímulos, a criar perspectivas de crescer como pessoas, inserindo-se na sociedade de forma responsável e útil.

A mais recente pesquisa realizada no Brasil foi feita pela CIEE com 5 mil adolescentes e divulgada em abril de 2006. O estudo dá conta de que 70% desses adolescentes querem diálogo. Esperamos ter contribuído com este trabalho junto aos jovens, pais e educadores para a oferta de substratos que facilitem a comunicação tão desejada.

Agora vamos entrar no tema "drogas", como um complemento ao assunto sexualidade tratado até aqui. Dizemos "como complemento" porque os dois temas andam muito juntos nessa fase da vida dos nossos filhos, e não poderíamos deixar de aproveitar toda a fundamentação apresentada a respeito do papel dos pais na prevenção às DST e gravidez na adolescência, para ser usada, também, na prevenção ao uso de drogas.

Terceira Parte

O adolescente e as drogas

O uso de drogas e o papel da família e da escola na prevenção

Como pode ser visto até aqui, a nossa proposta de educação sexual, prevenção às DST e gravidez na adolescência passa por um crivo chamado "equilíbrio familiar". Este será fundamentado nos valores humanos, na informação, na capacidade de comunicação e nas relações afetivas entre pais e filhos, ou seja: quando a família é bem estruturada e seus membros ajustados e atualizados, os filhos tenderão a sofrer menos influências negativas do mundo externo, confiarão mais nos seus pais e levarão a eles suas inseguranças, angústias e dúvidas acerca do certo e do errado, do bem e do mal. Assim, obviamente, estarão mais distantes dos grupos de risco. Sabemos, entretanto, que muitos leitores poderão estar se perguntando: "Tudo bem! Mas, e com relação à situação da minha família especificamente, como fica? Não sei se por falta de valores, ou de deficiência na comunicação, ou por falta de orientação, ou mesmo por tudo isso junto, estamos vivendo um difícil momento nas relações com os filhos. Nosso filho já é usuário de drogas e a nossa filha de 15 anos tem muita liberdade e não fala das suas questões pessoais, o que fazer?".

Para esses pais cabe uma antiga e cruel frase de autor desconhecido: "Se você faz o que fez, conseguirá o que tem". Ou seja: se a situação chegou a esse ponto, como já vimos, é porque muitos erros foram cometidos e estes precisam urgentemente ser identificados e corrigidos. Portanto, para esses pais o conselho é "disposição para mudanças". Se não conseguirem sozinhos, que busquem ajuda profissional. Somente pela mudança nas atitudes em direção ao ajustamento referido é que quadros como o citado poderão ser alterados.

Há, basicamente, dois modelos comuns de situações pelas quais algumas famílias que têm filhos envolvidos com drogas, passam: 1) Quando ele é voluntário no processo de desintoxicação e está decidido a largar as drogas com a ajuda profissional e da família. Sobre esse modelo apresentamos um exemplo no tópico "conclusão" mais à frente, que ilustra claramente as várias nuances e passos do processo; 2) Quando o usuário não é voluntário. Neste caso poderá ser necessário o internamento em clínica especializada para a devida desintoxicação e tratamento, mesmo à sua revelia. Muitas vezes a contenção é necessária devido à resistência do jovem em se submeter ao tratamento. Nessas ocasiões é importante confiar nos profissionais, nas orientações médicas e, mesmo com "o coração na mão" – pelo sofrimento do filho que grita, implora e faz mil promessas –, manter a atitude para salvá-lo. A família deverá se envolver no processo, participando das reuniões, atualizando-se e preparando-se para a volta do filho à casa, momento crítico e de muita responsabilidade de todos os membros da família. A seqüência é a mesma do modelo 1, que poderá ser vista na conclusão deste trabalho.

Sobre o tratamento da dependência química, cabe aqui falar um pouco sobre medicações. As novidades são os medicamentos que atuam sobre a dopamina, o neurotransmissor da dependência que produz a sensação de prazer no usuário da droga. O princípio desses novos medicamentos é o de cortar os vínculos entre as lembranças dos estados alterados como a euforia, por exemplo, com o desejo de consumir a droga.

Para combater a dependência do cigarro, os novos medicamentos são a Vareniclina e a Buproplona. Para o álcool, o Acamprosato e a Naltrexona, para a cocaína, álcool e ecstasy, a novidade Prometa, que deverá estar no mercado em 2009, assim como as vacinas NicVax e Ta-Nic contra a dependência da cocaína e da nicotina. Nos

Estados Unidos, pelo menos 200 drogas contra as mais variadas dependências químicas, estão em testes, o que permite uma projeção de que daqui a 5 ou 10 anos os mais diversos vícios poderão ser controlados por novas drogas poderosíssimas.

Por um lado temos aí uma ótima notícia: no futuro, a maioria das drogas atualmente conhecidas não mais causarão dependência química graças às modernas drogas disponíveis no mercado. Por outro lado, as pessoas, principalmente os jovens, menos informadas e menos propensas ao autocontrole, tenderão a não mais temer as conseqüências do uso das drogas (assim como algumas pessoas agem se automedicando com as Estatinas, que reduzem os níveis de colesterol no sangue e, por conta dessa "segurança", consomem gorduras abusivamente). Os jovens poderão desenvolver comportamentos de risco no uso abusivo de drogas por conta dessa pseudo-segurança.

A prevenção é o nosso propósito aqui, e no que se refere ao uso de drogas, novamente, é no equilíbrio familiar que apontaremos. Principalmente, neste caso, ao quesito "informação". Pais bem-informados e atualizados com relação às várias drogas, seus efeitos e suas conseqüências possuem melhores chances de aproximação ao filho e de obter o respeito deles. Por outro lado, pais desinformados geralmente são objeto de chacota dos próprios filhos quando junto ao seu grupo de iguais. Pode até parecer piada, mas o caso que apresentaremos agora é real, aconteceu há pouco tempo, exatamente assim:

O adolescente e as drogas

A filha de 13 anos estava sentada na cozinha preparando um sanduíche quando a mãe entra e diz:
— Filha, eu preciso ter uma conversa com você.
— Fala, mãe. O que é?
— É um assunto muito sério (enquanto fechava a porta, certificando-se de que ninguém ouviria, e causando certa apreensão na filha).
— Então, diz logo!
— Filha. Você promete ser sincera com sua mãe?
— Claro, mãe. Fala logo (já deixando o sanduíche de lado e demonstrando preocupação).
— Eu preciso que você confie em mim e não minta. Tudo bem?
— Claro! O que é?
— Filha (falando baixinho como se fosse heresia), você já "cheirou" maconha?

A garota se arrepiou, levantou os olhos com aquela expressão de "dããã", levantou-se, trocou de lugar com a mãe, pondo-a sentada, e disse com ar de pena:
— Mãe, maconha não se cheira, fuma-se!

É um forte exemplo de pais desinformados tentando se comunicar com os filhos. Percebe-se que são incontestáveis os quesitos interesse, amor e boa vontade no exemplo, no entanto também é incontestável a desinformação da mãe em questão. Bem-intencionada, somente conseguiu com que a filha reforçasse o seu conceito sobre ela, um conceito negativo. Isso não é incomum, não! Acontece muito por aí, e pior, os adolescentes contam essas histórias insinuando a distância que devem manter dos pais e também da escola sobre o assunto drogas.

Sobre o papel da escola no processo preventivo, novamente a informação será o nosso foco. A exemplo da questão sexualidade, algumas escolas, principalmente as mais tradicionais, camuflam informações, praticando a teoria da desinformação, provavelmente levadas pela máxima: "Quando fala-se muito sobre drogas, os jovens ficam curiosos a respeito e essa curiosidade poderá levá-los a experimentá-las". Conseqüentemente, acreditam que se não falarem sobre o assunto, os alunos não serão estimulados a conhecer as drogas. Cômodo, não?

Acreditamos que, em um passado remoto, esse método pode até ter funcionado em algumas situações (as mais coercitivas, por exemplo). Porém, hoje não cabe mais de forma alguma. A informação deixou, há muito tempo, de vir principalmente da escola e da família, como já vimos. O jovem atual é bombardeado sistematicamente por informações manipuladoras como as dos comerciais de cerveja, por exemplo, que os estimulam a todo o momento a consumir essa bebida.

Assim, a exemplo da orientação aos pais e dos métodos a respeito da educação sexual sugeridos, o papel da escola, aquele das informações seguras e completas, deverá ser resgatado urgentemente. Não há mais espaço para a hipocrisia, essa anda na contramão da educação. Não adianta somente dizer aos alunos que a droga não presta, que é ruim, que faz mal. Isso eles sabem, porém há o inconsciente coletivo lhes dizendo o tempo todo:

"Deve ser bom!" ou "Não dá nada!". — Não podemos nos esquecer de que as crianças e os adolescentes não conseguem fazer projeções muito complexas. Eles vivem o hoje e é isso o que vale para eles. Comem porcaria o tempo todo, consomem refrigerantes, doces e frituras sem pensar nas conseqüências. O jovem é assim. Nós já fomos assim. Tente se lembrar sobre os seus pensamentos quando alguém lhe dizia que doce faz mal para os dentes. "Os dentes que se danem, doce é muito bom!" Assim, sugerir que maconha é ruim para a saúde, provocará, na atualidade, a mesma reação. "Então por que todo mundo está usando?"

A educação social moderna precisa romper barreiras centenárias para ser bem-sucedida. Informações a respeito das principais drogas e as conseqüências do uso delas, os alunos têm na escola desde as primeiras séries. No entanto, as informações sobre o que leva o jovem a experimentar drogas, quais estímulos fazem parte da dinâmica da decisão e quais variáveis são determinantes para a experiência, quase nunca são fornecidas de forma clara, destituídas de manipulação ou de meias-verdades. É raro que um professor fale sobre as agradáveis sensações que a droga proporciona quando absorvida. Na maioria das vezes, ele se limita a enfatizar as conseqüências negativas do seu uso. Ao passo que o traficante se concentra em mostrar as vantagens do uso, as sensações agradáveis, enfatizam a "liberdade". Um belo dia, o jovem poderá decidir tirar a dúvida. Experimenta, e nada de mal acontece (pelo menos nas primeiras experiências), ao contrário, "é um barato", conclui. Como já vimos, em situações dessa natureza, sob as influências da "síndrome do super-homem", na qual o pensamento central do adolescente é "comigo nada vai acontecer", e "quando quiser eu paro", fica também registrado que "pai, mãe e professor não sabem de nada".

O pior é que muitas vezes eles estão parcialmente certos a respeito do último pensamento. Temos alguns registros que ilustram isso, como, por exemplo, numa festa de 15 anos em que o álcool correu solto entre a garotada e os pais da aniversariante estavam felizes no dia seguinte porque "eles só fumaram e beberam, mas droga não rolou".

Como oferecer uma opção segura de prevenção a drogas na escola? Primeiro, não permitindo que professores despreparados conduzam atividades nessa área. Amadorismo, não! Estar preparado para tratar desse assunto com jovens é fundamental, pois se trata de um tema que pressupõe muita responsabilidade. Exige do professor informação atualizada e liderança legítima, conquistada ao longo de uma relação transparente com os alunos. Uma relação destituída principalmente da hipocrisia que constantemente permeia o tema drogas, como já falamos.

Em nossas experiências educacionais na área das drogas, com jovens, os melhores resultados obtidos aconteceram a partir de relatos de ex-usuários. Jovens que passaram pela dependência química e psicológica de drogas e que, agora, se disponibilizam a falar sobre suas próprias experiências. Eles exercem um forte poder de influência à prevenção de todas as classes de alunos. Eles estão disponíveis para palestras em escolas nas ONG's relacionadas a drogas. As escolas poderão fazer contato e agendar entrevista com o palestrante, conhecê-lo, conhecer a sua história e, a partir do interesse e segurança estabelecidos, montar um programa de palestras nas salas, sob a supervisão do professor.

Os resultados são excepcionais, principalmente se o palestrante for jovem (lembram do fenômeno da modelação?). Os alunos costumam formular perguntas que às vezes chegam a deixar o professor sem jeito e desarmado, mas que, no entanto, somente quem passou pelo vício poderia responder.

Concomitantemente às ações junto aos alunos, os pais deverão ser envolvidos no programa mediante reuniões, palestras e indicações de leituras para que se atualizem com as informações e com os métodos da escola. Assim, família e escola poderão oferecer uma proposta de prevenção ao uso de drogas, com boas chances de sucesso.

Parabéns às escolas que já possuem um programa desse nível, e parabéns aos educadores atualizados com o tema, capacitados e motivados à prevenção junto aos seus alunos. Às escolas que ainda não conseguiram bons resultados com a prevenção às drogas, sugerimos uma experiência nos moldes apresentados, ou seja, olhar para o assunto "drogas" de frente, sem meias-verdades, romper com antigos paradigmas e olhar para a realidade atual, "as drogas estão vencendo", basta ver o relatório da

ONU: atualmente são 5 milhões de usuários de maconha. Há 10 anos este número era de 1 milhão. Como a primeira providência que devemos tomar para lutar contra as drogas é conhecê-las, vamos então oferecer informações. Tantas quanto possível no contexto deste livro, para ajudar um pouco na árdua tarefa da comunicação dos pais com os filhos adolescentes e da escola com os seus alunos. Antes, porém, veja a poesia produzida pelo cantor Fred Mercury da banda Queen:

> Quando a conheci tinha 16 anos...
> ELA ou eu, não sei...
> Fomos apresentados numa festa por um
> carinha que se dizia meu "amigo"...
> Foi amor à primeira vista.
> ELA me enlouquecia.
> Nosso amor chegou a um ponto que já
> não conseguia viver sem ELA.
> Mas era um amor proibido. Meus pais
> não aceitaram. Fui repreendido na
> escola, passamos a nos encontrar
> escondidos, até que não deu mais.
> Fiquei louco. Eu queria, mas não a tinha.
> Eu não podia permitir que me afastassem DELA.
> Eu a amava, bati com o carro, quebrei
> tudo dentro de casa e quase matei minha irmã.
> Estava louco. Precisava DELA.
> Hoje tenho 39 anos, estou internado num hospital,
> sou inútil e vou morrer abandonado pelos meus
> pais, amigos e por ELA.

Seu nome?
COCAÍNA.
Meu amor, minha vida, minha destruição.
Devo tudo a ELA. Até minha morte.

As principais drogas, seus efeitos e conseqüências

Todas as drogas (chamadas de substâncias psicoativas no meio científico) têm em comum a capacidade de alterar a consciência ou o estado mental do usuário, seja proporcionando uma sensação de prazer e conforto ou reduzindo a timidez e aumentando a sociabilidade de quem a usa. Em geral, todas causam alguma forma de dependência física e (ou) psicológica, transformando o usuário ocasional em viciado, que acaba dependendo do consumo da droga para manter suas atividades normais.

O álcool, o tabaco e a maconha são exemplos mais comuns de drogas obtidas diretamente de plantas. A cocaína e o crack, por exemplo, são adquiridos de uma pasta refinada a partir das folhas de coca. Outras substâncias, como ecstasy e LSD, são produzidas diretamente em laboratório.

Como a maior parte das drogas é clandestina e obtida por meios ilegais, é difícil ao usuário ter certeza da qualidade do produto. Por conta disso, além dos problemas normais já causados pela substância pura, muitas vezes ocorrem complicações de saúde, por causa do consumo de substâncias tóxicas junto com a droga.

As drogas podem ser classificadas quanto aos mecanismos de ação:

Depressoras – Promovem uma redução das atividades cerebrais e uma diminuição das funções orgânicas deixando o usuário mais relaxado. Exemplos: álcool, tranqüilizantes, opióides.

Estimulantes – Aumentam a velocidade das atividades cerebrais, acelerando as funções corporais fazendo com que o usuário se sinta mais alerta, mais agitado, com mais energia. Exemplos: cocaína, anfetamina, nicotina e cafeína.

Alucinógenas – Alteram a percepção e o senso de tempo e espaço. Exemplos: maconha, LSD, mescalina.

A apresentação das drogas, que se segue em ordem alfabética, visa informações básicas. Portanto, não são informações detalhadas e definitivas. Para os que se interessarem em informações específicas, técnicas e mais completas, a Secretaria Nacional Antidrogas se propõe a fornecê-las.

Álcool (cerveja, cachaça, uísque, vodca, vinho etc.).

- Efeitos a curto prazo (quantidade média): relaxamento, quebra das inibições, euforia, depressão, diminuição da consciência (duração: 2-4 horas).
- Efeitos a curto prazo (grandes quantidades): estupor, náusea, inconsciência, ressaca, morte.
- Efeitos a longo prazo: obesidade, impotência, psicose, úlceras, subnutrição, danos cerebrais e hepáticos, morte.
- O Brasil é o maior produtor e consumidor mundial de bebidas destiladas (cachaça, uísque, conhaque etc.).

O adolescente e as drogas

Além dessa capacidade de produção que proporciona uma maior disponibilidade de bebidas alcoólicas, somos ainda o país da bebida destilada mais barata do mundo (e ainda do segundo cigarro mais barato, perdendo apenas para a Coréia do Sul).

- O álcool é uma droga pesada, apesar de lícita é uma das principais causadoras de problemas na sociedade.
- O alcoolismo atinge cerca de 15% da população adulta do país, o que corresponde a um número de 10 milhões de brasileiros.
- O Brasil gasta em torno de 6% do PIB com as conseqüências do alcoolismo.
- Só o álcool é responsável direto por cerca de 75% dos acidentes de trânsito, 40% dos acidentes de trabalho, 90% das brigas em bares e mais de 78% dos espancamentos em mulheres e crianças.
- O alcoolismo é a terceira causa do absenteísmo, gerando ainda ineficiência na produção. É uma das principais causas das aposentadorias precoces na Previdência Social, que gasta anualmente com problemas como esse R$ 25 bilhões.
- Segundo pesquisas, cerca de 40 a 50% das internações hospitalares na área psiquiátrica são decorrentes do uso abusivo do álcool.
- O suicídio é 60 vezes mais freqüente entre alcoólatras ativos do que no resto da população.
- Um estudo realizado recentemente pela USP no IML de São Paulo revelou que dos 18.263 corpos para lá encaminhados vítimas de morte natural, 95% deles ti-

nham álcool no organismo, o que demonstra uma clara interface entre os temas "alcoolismo" e "violência urbana".

- **O álcool** (e não a maconha) é considerado a passagem para as outras drogas; é a droga que mais deteriora o corpo (tanto quanto cocaína e crack), mas faz mais vítimas; é a droga que mais provoca acidentes de trânsito.

- **O alcoolismo** é a terceira doença que mais mata no mundo, uma doença incurável, de determinação fatal e progressiva até mesmo em períodos de abstinência.

Anabolizantes – Os esteróides anabolizantes são drogas relacionadas ao hormônio masculino Testosterona. Possuem vários usos clínicos, nos quais sua função principal é a reposição da testosterona nos casos em que, por algum motivo patológico, tenha ocorrido um déficit.

- Além desse uso médico, eles têm a propriedade de aumentar os músculos e por esse motivo são muito procurados por atletas ou pessoas que querem melhorar o desempenho e a aparência física.

- Os esteróides anabolizantes podem ser tomados na forma de comprimidos ou injeções e seu uso ilícito pode levar o usuário a utilizar centenas de doses a mais do que aquela recomendada pelo médico. Freqüentemente, combinam diferentes esteróides para aumentar sua efetividade. Outra forma de uso dessas drogas é tomá-las durante 6 a 12 semanas, ou mais, e depois parar por várias semanas e recomeçar novamente.

O adolescente e as drogas

- O consumidor preferencial está entre 18 a 34 anos de idade e em geral é do sexo masculino.

- No comércio brasileiro, os principais medicamentos à base dessas drogas e utilizados com fins ilícitos são: Androxon, Durateston, Deca-Durabolin. Porém, além desses, existem dezenas de outros produtos que entram ilegalmente no país e são vendidos em algumas academias e farmácias.

- Muitas das substâncias vendidas como anabolizantes são falsificadas e acondicionadas em ampolas não esterilizadas, ou misturadas a outras drogas.

- Alguns usuários chegam a utilizar produtos veterinários à base de esteróides, sobre os quais não se tem nenhuma idéia dos riscos de uso em humanos.

- Alguns dos principais efeitos do abuso dos esteróides anabolizantes são: tremores, acne severa, retenção de líquidos, dores nas juntas, aumento da pressão sangüínea, DHL baixo (a forma boa do colesterol), icterícia e tumores no fígado.

- Produzem efeitos comportamentais adversos como confusão, julgamento defeituoso, impulsividade e manias de violência. Cerca de um terço dos usuários desenvolvem sintomas psicóticos.

Anfetaminas – Droga sintética (benzedrina, dexedrina, methedrina, preludin etc.) conhecida popularmente como "bolinha".

- Utilização médica: na obesidade, depressão, fadiga excessiva, distúrbios do comportamento infantil.

101

- Exercitam o Sistema Nervoso Central (SNC), fazendo o cérebro funcionar mais depressa. O usuário sente menos cansaço.
- Quantidade média ingerida: 2,5-5 mg, principalmente por via oral.
- Efeitos a curto prazo (quantidade média): aumento da atenção, excitação, euforia, diminuição do apetite com duração entre 1 a 8 horas.
- Efeitos a curto prazo (grandes quantidades): inquietação, discurso apressado, irritabilidade, insônia, desarranjos estomacais, convulsões.
- Efeitos a longo prazo: insônia, excitação, problemas dermatológicos, subnutrição, ilusões, alucinações, psicose.

Ayahuasca – Chá de Santo Daime, yajé, caapi, vinho-de-deus. Na linguagem Quéchua, aya significa espírito ou ancestral, e huasca significa vinho ou chá.

- Os métodos de preparo variam conforme a tradição de cada local e da ocasião em que o consumo se dá. De qualquer maneira, o processo é longo e leva quase um dia para o preparo.
- As diversas beberagens geralmente contêm talos socados do cipó mais folhas.
- O chá de Santo Daime é um alucinógeno. Tal propriedade se deve à presença nas folhas da chacrona, uma substância alucinógena.

- Outras plantas amazônicas também são utilizadas por diversas tribos indígenas como um modo de experiência religiosa (ver DMT).
- Seu consumo está associado a práticas religiosas e parece ser utilizada por tribos indígenas da Amazônia desde 2000 a.c. As seitas religiosas mais conhecidas no Brasil são o Santo Daime e a União do Vegetal.
- Os efeitos estão bastante relacionados aos rituais religiosos nos quais se dá o consumo, baseados na crença da possibilidade de contato com outros planos espirituais.
- Há semelhança entre os efeitos da ayahusca e alucinógenos, como o LSD.
- Pode haver sensação de medo e perda do controle, levando a reações de pânico.
- O consumo do chá pode desencadear quadros psicóticos permanentes em pessoas predispostas a essas doenças ou desencadear novas crises em indivíduos portadores de doenças psiquiátricas (transtorno bipolar, esquizofrenia).

Cocaína – Poderoso psicoestimulante, provoca insônia, excitação psicomotora constante, acentuada perda de autocrítica e agressividade. Quando injetada ou fumada, as conseqüências psicológicas são mais acentuadas ainda. Forma de ingestão usual: nasal, injetável.

- Efeitos a curto prazo (quantidade média): sensação de autoconfiança, vigor intenso com duração média de 4 horas.

- Efeitos a curto prazo (grandes quantidades): irritabilidade, depressão, psicose.
- A droga da loucura! Quando se está usando, há uma sensação de poder, de medo, de quero mais. O usuário começa e não quer parar, mas quando acaba vem a famosa "depressão", e ele se vê sem sono, e muitas vezes sem dinheiro, família, paz.
- Dar um tirinho (expressão usada para cheirar uma carreira de cocaína – pó).
- É comum que usuários de cocaína consumam altas doses de bebidas destiladas concomitantemente ao uso da droga. Não raro passam a noite "cheirando" e bebendo.
- A cocaína é tão prejudicial que mesmo quem nunca usou a droga pode, na primeira vez, apresentar derrames cerebrais, crises convulsivas, hemorragias e hematomas intracranianos, entre outras complicações.
- A overdose provoca convulsões, coma e morte. Esse fenômeno muitas vezes ocorre por causa da pureza da droga consumida. Usuários que sempre usaram a droga "batizada" (recurso utilizado pelos traficantes quando adicionam outros produtos à droga para aumentar o volume), quando utilizam a droga pura poderão sofrer uma overdose.
- Conseqüências a longo prazo: a cocaína é uma substância vasoconstritora (reduz o diâmetro dos vasos) e, freqüentemente, causa problemas arteriais e venosos como tromboses. O mais comum é a necrose de tecidos do septo nasal e do palato, devido à vasoconstrição

local. Às vezes, nariz e boca formam uma só cavidade. Além disso, a cocaína pode provocar alterações na função reprodutiva como impotência sexual e ginecomastia (aumento da mama em homens), em mulheres, alterações do ciclo menstrual do tipo amenorréia (interrupção da menstruação e infertilidade) e galactorréia (eliminação de secreção leitosa na mama). Durante a gestação, o uso da cocaína pode provocar má-formação do feto, pois a droga diminui a oxigenação. Os efeitos podem ser: fetos natimortos, nascimento de bebês com microcefalia (crânio pequeno), retardo mental, alterações ósseas, baixo peso, irritabilidade, atrasos no desenvolvimento neuropsicomotor e algumas vezes nascem com crises convulsivas, ainda sob efeito da droga passada através da mãe.

- Os riscos de dependência psicológica e física são altos.

Cogumelos – Empregados como alucinógenos há milhares de anos, os cogumelos apresentam muitas variedades. O tipo *Amanita muscaria*, também conhecido como "agário das moscas", porque o seu sumo atordoa as moscas por ele atraídas, é familiar à maioria das pessoas como cogumelo decorativo. Ele possui um "chapéu" em forma de guarda-chuva vermelho com bolinhas brancas e um caule branco com uma base em forma de xícara.

- Os primeiros efeitos do cogumelo *Amanita* são desorientação, falta de coordenação e sono, enquanto

que os efeitos posteriores incluem euforia intensa, distorção da noção de tempo, alucinações visuais intensas e alterações de humor que podem incluir fúria.
- No caso de doses altas podem ocorrer efeitos tóxicos. O cogumelo *A. muscaria* em si é menos tóxico do que outros do gênero *Amanita*, que são altamente venenosos e até letais.
- Dentro do grupo *Amanita* existem variedades venenosas, mas raramente fatais. Sua intoxicação provoca salivação, lacrimejamento, perda de controle da urina e das fezes. Podem ainda ocorrer contração pupilar, cólicas, náuseas, vômitos e queda do ritmo cardíaco e da pressão arterial.
- O genêro *Psilosybe* traz os alucinógenos *psilosibin*, quimicamente semelhantes à serotonina e ao LSD. Podem provocar euforia, náusea, sonolência, visão obscura, pupilas dilatadas, aumento de percepção de cores, de contornos, formas e imagens. Outras reações comuns são forte ansiedade e angústia, com imagens extraordinárias e assustadoras.
- Os efeitos podem passar em três horas, mas cria-se rapidamente a tolerância.

Crack – Como o preço da cocaína é muito caro, os narcotraficantes desenvolveram o crack, que além de ser mais barato vicia mais rápido, pois seu efeito é menos duradouro, requerendo então uma quantidade maior para fazer o mesmo efeito.

- O crack é uma mistura de cloridrato de cocaína (cocaína em pó), água e bicarbonato de sódio ou amônia,

ou a mistura de resto de cocaína com ácido sulfúrico e acetona. Essas misturas são comercializadas em forma de pedras.
- O crack nasceu nos guetos pobres levando as crianças de rua ao vício fácil e à morte rápida. E, assim, aumentando seu rastro de destruição.
- O crack é fumado em cachimbos improvisados como lata de cerveja e canetas.
- O crack leva 15 segundos para chegar ao cérebro. As primeiras sensações são de euforia, brilho e bem-estar.
- Cinco a sete vezes mais potente do que a cocaína. E mais cruel do que ela, tem um poder avassalador para desestruturar a personalidade do usuário e cria uma grande dependência psicológica. Em seguida, os neurônios são lesados e o coração entra em descompasso (de 180 a 240 batimentos por minuto), e com isso ocorre o risco de hemorragia cerebral, fissura, alucinações, convulsão, enfarto agudo e morte.
- O maior problema do crack é que, por ser fumado, atinge o cérebro mais rápido causando estragos maiores e uma dependência rápida. A pessoa que fuma crack fica tão deprimente que ela mesma se afasta do mundo, começa a secar, fica amarelada.
- O crack provoca os mesmos danos que a cocaína aspirada, porém, devido ao seu avassalador poder desestruturador da personalidade, age em prazo muito curto e em maior intensidade.

- Insônia, agitação psicomotora, agressividade, emagrecimento, perda da autocrítica e da moral, dificuldades para estabelecer relações afetivas, psicoses, comportamento excessivamente anti-social, marginalidade e prostituição, lesões do trato respiratório. Esses são alguns dos sintomas e alterações da personalidade causados por essa droga.

- Com seu uso constante, o usuário tende a ter problemas respiratórios como congestão nasal, tosse, expectoração de um muco preto que indica os danos causados ao pulmão. Tonturas, desmaios, tremores e nervosismo atormentam o craqueiro. São comuns queimaduras nas mãos, lábios, língua e rosto pela chama do isqueiro que é usado para acender o cachimbo onde a pedra é fumada.

- Como conseqüência associada, o uso do crack pode levar ao aborto e ao nascimento prematuro de bebês. Os bebês sobreviventes apresentam cérebro menor, choram de dor quando tocados e expostos à luz e têm grande dificuldade de aprendizado, de andar, de ir ao banheiro sozinhos.

DMT (*Dimetiltrinamina*) – Encontra-se em certas plantas e é utilizada como chá na poção do Santo Daime juntamente com o *Ayahuasca*, ou é produzida sistematicamente. Neste caso, é pó sem cor. A droga é empregada na fabricação de rapé, para fins rituais.

- É muito menos potente, em quantidade, do que o LSD, mas pode produzir efeitos extraordinários se aplicado em doses de 20 a 60 miligramas (a dose usual de LSD é de 200 a 700 microgramas).

- Fumado ou injetado, produz os seus efeitos, "viagens", dentro de 15 a 30 minutos, com duração de duas a quatro horas.
- A "viagem" pode ser bastante agitada, com medo e pânico.
- A DMT pode provocar desequilíbrio mental agudo, semelhante ao encontrado após o uso de LSD.

Ecstasy – O princípio ativo do ecstasy é o mesmo do LSD, a *Metilenodioxidometaanfetamina* (MDMA). Sua forma de consumo é por via oral, mediante a ingestão de um comprimido.

- Os usuários normalmente consomem o ecstasy com bebidas alcoólicas, o que intensifica ainda mais o efeito e agrava os riscos.
- Os principais efeitos do ecstasy são uma euforia e um bem-estar intensos, que chegam a durar 10 horas. A droga age no cérebro aumentando a concentração de duas substâncias: a dopamina, que alivia as dores, e a serotonina, que está ligada a sensações amorosas. Por isso, a pessoa sob efeito de ecstasy fica muito sociável, com uma vontade incontrolável de conversar e até de ter contato físico com as pessoas. O ecstasy provoca também alucinações.
- Os malefícios causados são ressecamento da boca, perda de apetite, náuseas, coceiras, reações musculares como câimbras, contrações oculares, espasmo do ma-

xilar, fadiga, depressão, dor de cabeça, visão turva, manchas roxas na pele, movimentos descontrolados de vários membros do corpo, como os braços e as pernas, crises bulímicas e insônia.
- A principal causa de óbitos dos consumidores da droga é o aumento da temperatura corpórea. A droga causa um descontrole da pressão sangüínea, que pode provocar febres de até 42 graus. A febre leva a uma intensa desidratação que pode causar a morte do usuário.
- Associado a bebidas alcoólicas, o ecstasy pode provocar choque cardiorrespiratório.

GHB — É um hormônio natural de crescimento do corpo. Entretanto, manipulado em laboratório, a substância tem sido usada e abusada por pessoas que querem aumentar a massa muscular.

- Por um lado, tonteira, riso solto e aquela sensação de que o mundo é lindo e as pessoas são todas maravilhosas. Por outro, problemas respiratórios e coma, até mesmo em pequenas doses.
- Mas não é só em algumas academias, criminosas por sinal, que o GHB está presente. Por causar um certo tipo de euforia, ele já faz parte da vida noturna dos jovens.
- A substância é mais facilmente utilizada porque é líquida, transparente e inodora.
- Seus efeitos negativos, porém, são devastadores. Por agir como depressor do sistema nervoso central, a dro-

ga está associada a casos de morte por overdose: esta é precedida de perda de consciência e coma.
- Geralmente, esta droga é importada, assim como o ecstasy.
- O composto surgiu como anestésico de uso hospitalar nos anos 1960, nos Estados Unidos, e também já foi usado como tratamento para distúrbios de sono. Mas os conseqüentes problemas respiratórios causados e a dificuldade de se calcular a dosagem máxima permitida fizeram com que os médicos abandonassem a recomendação clínica.
- Nos anos 1980, a indústria do culto ao corpo reinventou o uso da fórmula, desta vez, como estimulante para o hormônio do crescimento e o enrijecimento dos músculos. O público fisiculturista comprou a idéia até que, em 1990, a FDA, órgão americano que regula a indústria farmacêutica, declarou o produto ilegal e inseguro.
- Já nesta época surgiram os primeiros indícios de uso do GHB como uma droga para diversão.

Haxixe – É um dos nomes pelo qual também é conhecida a maconha no oriente. Trata-se de uma espécie de fumo obtido a partir da resina e das flores da *Cannabis Indica*, uma variedade da maconha.

- Para produzir um quilo de haxixe são necessários 625 quilos de maconha. — Com uma cor que varia do amarelo-mostarda ao marrom-escuro ou preto, ele é retirado da planta por diversos métodos e logo em seguida comprimido em várias formas (pó, pedra, bloco etc.). Depois, é guardado em papel, plástico ou pano.

- Oriente Médio, Índia, Marrocos, Paquistão e México são os maiores produtores dessa droga, que tem como forma mais habitual de utilização o cigarro, cachimbos comuns ou cachimbos especiais refrigerados à água, chamados de narguilés.
- Pode ser comido, mascado *in natura*, ou cozido e preparado em forma de bebida.
- Normalmente o valor comercial do haxixe é muito superior ao da maconha.

Heroína – É uma variação da morfina, que por sua vez é uma variação do ópio, obtido de uma planta denominada Papoula. A designação química da heroína é *diacetilmorfina*. A heroína se apresenta no estado sólido. Para ser consumida, ela é aquecida normalmente com o auxílio de uma colher na qual a droga se transforma em líqüido e fica pronta para ser injetada. O consumo da heroína pode ser diretamente pela veia, forma mais comum no ocidente, ou inalada, como é, normalmente, consumida no oriente.

- Efeitos: A heroína é uma das mais prejudiciais drogas de que se tem notícia. Além de ser extremamente nociva ao corpo, causa rapidamente dependência química e psíquica. Ela age como um poderoso depressivo do sistema nervoso central.
- Logo após injetar a droga, o usuário fica em um estado sonolento, fora da realidade. Esse estado é conhecido como "cabeceio" ou "cabecear". As pupilas ficam muito contraídas e as primeiras sensações são de euforia e conforto. Em seguida, o usuário entra em de-

pressão profunda, o que o leva a buscar novas e maiores doses para conseguir repetir o efeito.

- Fisicamente, o usuário de heroína pode apresentar diversas complicações como surdez, cegueira, delírios, inflamação das válvulas cardíacas, coma e até a morte. No caso de ser consumida por meios injetáveis, pode causar necrose (morte dos tecidos) das veias. Isso dificulta o viciado a encontrar uma veia que ainda esteja em condições adequadas para poder injetar uma nova dose.

- O corpo fica desregulado deixando de produzir algumas substâncias vitais, como a endorfina, ou passando a produzir outras substâncias em demasia, como a noradrenalina, que, em excesso, acelera os batimentos cardíacos e a respiração. O corpo perde também a capacidade de controlar sua temperatura causando calafrios constantes. O estômago e o intestino ficam completamente descontrolados, causando constantes vômitos, diarréias e fortes dores abdominais.

Ice – Em inglês a palavra significa "gelo". Trata-se de uma forma muito pura de Metanfetamina conhecida como a "droga virtual". É o mais novo aditivo dos internautas adolescentes e aficionados por videogame e internet – aquela turma capaz de passar horas e horas de olhos vidrados na tela do computador.

- Vendido sob a forma de pedras de cristais transparentes, o Ice pode ser dissolvido em bebidas, inalado, fumado e até mesmo injetado na veia.
- Após 20 minutos o coração dispara, a pressão arterial sobe e as pupilas dilatam. O cérebro é inundado por

substâncias relacionadas à sensação de bem-estar. Tem-se a impressão de que o corpo é um poço de energia. O raciocínio parece mais rápido. Os reflexos motores, mais aguçados. A luz vinda do monitor incrementa a sensação.

- O usuário não sente nenhum cansaço, nem depois de 12 horas ininterruptas na frente da máquina.
- Os riscos são: depressão, convulsões, degeneração das células cerebrais, aumento da pressão sangüínea e morte.

Inalantes – São produtos químicos voláteis, que produzem efeitos delirantes como o álcool, aerosol, gasolina, cola de sapateiro, solventes, tintas, éter, laquê, esmalte de unha e os fabricados com alguns desses componentes como o "cheirinho da loló" e lança-perfume.

- Efeitos a curto prazo (quantidade média): relaxamento, euforia, coordenação prejudicada.
- Duração dos efeitos: 1 a 3 horas.
- Efeitos a curto prazo (grandes quantidades): estupor, morte.
- Efeitos a longo prazo: alucinações, danos ao cérebro, aos ossos, pulmões, rins e fígado, morte. Os efeitos da cola de sapateiro nos pulmões, por exemplo, quando inalada sistematicamente, são irreversíveis.

Ketamina – Uma droga com potencial alucinógeno, utilizada originalmente na medicina pelas suas propriedades analgésicas e anestésicas.

- Atualmente esses usos são menos comuns em humanos, porém de uso freqüente na prática veterinária.
- É comumente chamada nas ruas de "Pó K", ou "Especial K", e pode ser fumada, inalada ou injetada.
- São crescentes os abusos da droga com quadros de toxidade e morte por overdoses, atribuídos, em parte, pela subvalorização dos riscos por parte dos usuários.

L.S.D. – É uma abreviatura de dietilamina do ácido lisérgico. É sintetizado em laboratório e representa um dos mais conhecidos alucinógenos.

- Uma dose de pequenas frações de grama dura entre 8 a 12 horas e provoca os seguintes efeitos: aumento da capacidade criativa e de novos *insights* psicológicos. As percepções do usuário tornam-se, geralmente, brilhantes e intensas, as cores e as texturas parecem mais ricas, a música mais profunda, emocionalmente, e odores e sabores são intensificados.
- O LSD é um alucinógeno e, portanto, como foi mostrado, produz distorções no funcionamento do cérebro. Os efeitos variam de acordo com o organismo que está ingerindo a droga e de acordo com a ambiente em que ela está sendo consumida. O usuário pode sentir euforia e excitação ou pânico e ilusões assustadoras.
- A droga dá uma sensação de que tudo ao redor do usuário está sendo distorcido. As formas, cheiros, cores e situações, para a pessoa que está sob o efeito da droga, se alteram, criando ilusões e delírios, como paredes que escorrem, cores que podem ser ouvidas e mania de grandeza ou perseguição.

- O LSD é consumido normalmente por via oral. A droga se apresenta em cartelas subdivididas em "pontos", que são, efetivamente, os locais onde está o princípio ativo. Para se obter os efeitos da droga, esse "ponto" é ingerido pelo consumidor, ou simplesmente deixado embaixo da língua. Além de poder ser ingerido, o LSD pode ser também fumado, apesar dessa forma de consumo ser pouco comum.

- Além disso, uma pessoa sob o efeito do LSD perde o juízo da realidade e com isso a capacidade de avaliar corretamente uma situação qualquer, por mais simples que possa ser.

- Por perder a noção da realidade, o usuário de LSD pode julgar-se capaz de fazer coisas impossíveis como andar sobre as águas, produzir fogo ou mesmo voar. O LSD também causa um fenômeno chamado de *flashback*: o usuário, semanas ou meses sem consumir a droga, começa a sentir os efeitos da droga, como se tivesse acabado de consumi-la. Os *flashbacks* podem acontecer a qualquer momento.

- No corpo, os efeitos do LSD são relativamente leves, aceleração de batimentos cardíacos, pupilas dilatadas e aumento do suor. Casos mais graves como convulsões podem ocorrer, apesar de serem muito raros. O maior perigo do consumo de LSD não é, mesmo em doses mais fortes, de intoxicação física, mas das conseqüências psíquicas.

Maconha – Produzida da planta chamada *Cannabis sativa*. Conhecida há séculos, cresce naturalmente em várias

partes do globo, é de fácil cultivo e pode ser encontrada em todo o mundo.
- Originária da Ásia central, seus primeiros registros históricos são de 200 anos a.c. na China, no Egito e na Índia. Na China foi descrita pelo imperador Schen Nung como analgésico.
- Seu emprego medicinal se dá há uma longa tradição entre povos africanos e asiáticos. Nos Estados Unidos era indicada como analgésico, antiespasmódico e dilatador dos brônquios.
- O hábito de fumar ou ingerir folhas e sementes da *Cannabis* é antigo e também está vinculado à prática religiosa de muitos povos.
- Seu plantio foi incentivado durante séculos devido à utilização de seus talos para a produção de fibras têxteis, palitos e até papel. Porém, é das folhas e das flores que se extrai a substância ativa (THC Delta-9-tetrahidrocanibinol).
- O interesse médico pela *Cannabis* diminuiu no início do século XX, em detrimento da morfina e comprimidos que ofereciam melhores resultados.
- No Brasil, atribui-se a origem da maconha aos escravos africanos trazidos para cá, sendo utilizada mais tarde também por índios e negros. Isso mostra que as origens dessas crenças são culturais e farmacológicas.
- De acordo com a ONU, em relatório de 2006, a produção mundial de maconha atualmente é de 45 mil toneladas/ano, das quais 18% são produzidas na América do Sul.

- A maneira mais usual do consumo é na forma de cigarros, no entanto a droga pode ser mascada, aspirada ou, mesmo, engolida.
- Seu uso não causa a dependência química, somente psicológica. Entretanto, a maconha pode levar algumas pessoas a um estado de dependência tão crítica que passam a organizar sua vida de maneira a facilitar o seu uso.
- Os efeitos psíquicos agudos dependerão da quantidade da maconha fumada e da sensibilidade de quem fuma.
- Para uma parte das pessoas, os efeitos são de uma sensação de bem-estar acompanhada de calma, relaxamento, riso exagerado, olhos vermelhos e boca seca. Para outras, os efeitos são mais desagradáveis: sentem angústia, ficam aturdidas, trêmulas, suores, perturbações e, dependendo da sensibilidade, podem ocorrer delírios, alucinações, pânico, atitudes perigosas, agressão às pessoas. Já a alucinação, que é uma percepção sem objetivo, pode ser agradável ou terrificante.
- Em algumas pessoas a maconha aumenta a pressão sangüínea e pode duplicar o ritmo cardíaco. Este efeito pode acentuar-se quando a pessoa usa outras drogas juntamente com a maconha.
- Tem os que usam a maconha como relaxante e os que somente a usam para "viajar", mas de qualquer jeito ela poderá trazer prejuízos irreparáveis.
- A substância (THC) da maconha é absorvida pelos tecidos gordurosos de vários órgãos do corpo onde ficam armazenados. Geralmente são encontrados resí-

duos de THC nos exames de urina mesmo várias semanas após ter sido interrompido o uso da droga.

- **Nomes populares:** Fininho, erva, bagulho, fumo, baseado, tora, beise, beg.
- **Argumentos positivos:** Traz felicidade momentânea, aumenta o poder de percepção, reduz a agressividade, aumenta o apetite e pode ajudar no tratamento da dependência de drogas mais pesadas.
- **Argumentos negativos:** Causa dependência psicológica na maioria dos usuários, diminui os reflexos momentaneamente, destrói neurônios, causa impotência sexual com o tempo e falta de motivação em alguns casos, além de poder causar depressão. Outro fator muito grave: só é encontrada com traficantes.
- O uso da maconha provoca alguns sintomas clássicos no usuário como olhos vermelhos (é comum ao usuário a utilização constante de colírios), aumento de apetite, sonolência e falhas de memória. Em casa começam a desaparecer objetos e dinheiro.

Merla – Um subproduto da cocaína que, quando retirado das folhas da coca, é processado com alguns solventes como querosene, ácido sulfúrico, cal virgem, entre outros. Misturado a esses solventes, resulta em um produto de consistência pastosa com uma concentração variável entre 40 a 70% de cocaína (com 1 kg de cocaína pode-se produzir até 3 kg da droga merla).

- É uma droga altamente perigosa, causa dependência psíquica, física e provoca danos às vezes irreversíveis ao organismo.

- Costuma ser fumada pura ou misturada ao tabaco ou à maconha.
- O seu efeito é excitante do sistema nervoso central. A sua atuação é semelhante ao da cocaína, a primeira sensação é de bem-estar. Causa euforia, diminuição da fadiga, do sono, do apetite (perda de peso), alucinações, delírios e confusão mental.
- Devido aos ácidos e solventes, os usuários podem apresentar casos de fibrose (endurecimento pulmonar).
- O corpo exala, na eliminação pela transpiração, um forte cheiro dos produtos químicos que são adicionados à droga na hora do seu preparo.
- O usuário geralmente apresenta os dedos amarelados, olhos lacrimejantes, vermelhos, irritabilidade e tremores nas mãos.
- Passando a euforia provocada pelo uso da droga, surgem novos efeitos como alucinação, depressão e paranóia de perseguição. Essas sensações continuadas podem levar o usuário, em alguns casos, ao suicídio.
- O efeito desejado da merla dura cerca de 15 minutos.
- Os usuários de merla entram rapidamente para a delinqüência. Roubam para sustentar seu vício, se envolvem com o tráfico para comprar sua própria droga, e muitos tentam o suicídio para fugir da crise de abstinência ou da depressão causada pelo uso constante da droga.

Ópio – É obtido a partir do suco da papoula. É um suco resinoso, coagulado, o látex leitoso da planta dormideira, extraído por incisão feita na sua cápsula depois da floração.

- O ópio tem um cheiro típico, que é desagradável e manifesta-se, especialmente, com o calor. A cor é castanha, seu sabor é amargo e um pouco acre.
- Os principais dos mais de 20 alcalóides do ópio são a morfina e a heroína.
- O número de viciados, no Brasil, é pequeno.
- Para se fumar o ópio utiliza-se um cachimbo especial, com uma haste de bambu e um fornilho de barro, e os seus adeptos seguem um verdadeiro ritual. Pode ser utilizado ainda como comprimido, supositórios etc.
- Causa, a longo prazo, irritabilidade crescente e lenta deterioração intelectual, com declínio marcante dos hábitos sociais.
- Quanto aos aspectos físicos, os viciados ficam magros e com cor amarela, diminuindo, ainda, sua resistência a infecções.
- A crise de abstinência pode começar dentro de aproximadamente 12 horas, apresentando-se de várias formas, indo desde bocejos até diarréias, passando por rinorréia, lacrimação, suores, falta de apetite, pele com arrepios, tremores, câimbras abdominais e insônia ou, ainda, inquietação e vômitos.
- Os opiáceos determinam violenta dependência física e psíquica, podendo-se dizer que a escravidão do viciado é total, deixando-o totalmente inutilizado para si, para a família e para a sociedade, pois a droga pas-

sa a agir quimicamente em seu corpo, de forma que a retirada brusca da droga pode ocasionar até a morte.

PCP – Alucinógeno (fenciclidina) da categoria das drogas que, inicialmente, a exemplo da ketamina, foram utilizadas como anestésicos.

- Conhecida como a pílula da paz, apareceu pela primeira vez nos anos 1960.
- Pode ser consumida por via oral ou injetada, mas a forma de uso mais comum é ser misturada com um cigarro de maconha para ser fumada.
- Os nomes de rua podem ser pó-de-anjo, cristal ou supererva.
- É uma droga relativamente barata e fácil de ser sintetizada em um laboratório de fundo de quintal.
- Os principais efeitos são euforia, calor corporal, formigamento, sensação de paz e flutuação por 3 a 6 horas.
- Após, depressão, irritabilidade e hostilidade.

Skank – Espécie de supermaconha produzida em laboratório através de modernas técnicas de engenharia genética vegetal.

- Híbrida, resultado de vários cruzamentos de tipos de maconha, vindos principalmente do Egito e Afeganistão. Atualmente é cultivada em estufa por meio do sistema hidropônico, com alto teor de umidade, alta temperatura e luz halógena. É uma planta de 30 centímetros de altura enquanto que a *Cannabis Sativa* (maconha) mede 1,80 metro.

- É muito difícil diferenciar visualmente o Skank da maconha comum. O princípio ativo é o THC (Tetrahidrocannabinol), o mesmo da maconha comum, porém sua concentração de THC é bem maior, de 7 a 10 vezes, em relação à maconha comum (4%).
- Todas as outras substâncias ativas encontradas na maconha comum são potencializadas no Skank.
- Quanto às manifestações físicas e psíquicas, são semelhantes às das apresentadas com o uso da maconha, porém, pela alta concentração de THC, as manifestações são potencializadas.

Tabaco – A Organização Mundial de Saúde afirma que o tabagismo deve ser considerado como uma epidemia de grandes proporções e como tal deve ser combatido.

- O tabaco é considerado uma droga estimulante que causa dependência física mediante uma substância chamada nicotina.
- A nicotina chega ao cérebro do usuário em apenas 9 segundos. Além disso, cada cigarro contém mais 4.729 substâncias tóxicas, entre elas alcatrão e monóxido de carbono que causam sérios danos à saúde.
- Estudos comprovam que o tabagismo está produzindo maior número de mortes do que as demais drogas juntas como, por exemplo, álcool, cocaína, heroína entre outras.
- Pelas estatísticas da OMS, o consumo de tabaco mata anualmente 4 milhões de pessoas e pode vir a matar 10 milhões no ano de 2030.

- Seguem abaixo alguns dos males que o cigarro traz:
- Vários tipos de câncer: pulmão, boca e laringe, útero, próstata, rim e bexiga, pâncreas, esôfago, entre outros.
- Efeitos no pulmão: enfisema pulmonar, bronquite crônica, diminuição do fôlego e da capacidade esportiva, pneumonia.
- Doenças cardiovasculares e efeitos no coração: infarto, derrame cerebral (AVC), gangrena.
- **Além de** rouquidão, pigarro, sinusite, mau-hálito, mau cheiro, diminuição do paladar e olfato, dentes amarelados e envelhecimento precoce da pele (rugas).
- Nos homens: dificuldade de ereção, ejaculação precoce, infertilidade e diminuição do desejo sexual.
- **Nas mulheres:** menor lubrificação vaginal, diminuição do desejo sexual, infertilidade e menopausa precoce.
- **Nas gestantes:** nascimento de bebês prematuros, de baixo peso, abortos espontâneos e até mesmo a morte de recém-nascidos, além de nascimento de crianças defeituosas.

As reações e posturas sociais

Existem outras drogas, muitas outras. Aliás, a cada dia, os traficantes apresentam novidades. Assim, é claro que a relação acima apresentada não esgota as informações. Apresentamos tão-somente as mais importantes. Cada educador, pai ou mãe, precisa estar atento às novidades e tentar conhecê-las antes dos filhos e dos alunos. Quando um pai, mãe ou professor traz uma novidade sobre drogas, é percebido com destaque, com *status* de quem domina e se interessa pelo assunto, e, assim, respeitado.

O que pode levar um jovem a usar drogas? Estudos apontam para sete variáveis. Seguem-se algumas informações a respeito dos motivos dos adolescentes:

- curiosidade, curtir um "barato legal";
- fazer parte, ser aceito no grupo;
- busca de prazer;
- experimentar sensações novas;
- quebrar a rotina;
- zoar;
- enfrentamento às figuras de autoridade.

Causa: auto-afirmação. O adolescente quer fazer o contrário do que sempre fez enquanto criança, como se, fazendo assim, não fosse mais criança.

"Enquanto os jovens estão minimizando os riscos e maximizando o prazer, os pais maximizam os riscos e minimizam o prazer." Assim, nessa perspectiva do conflito, podemos compreender a costumeira defesa dos pais: "A culpa é dos outros".

— Quem passou a droga? (o culpado é o traficante).

— Você não vai mais sair com aquelas más companhias (a culpa é dos amigos).

— Sempre desconfiei daquele cabeludo, relaxado, sujo (ele é o maconheiro, o culpado).

— Você vive muito desocupado (a culpa é da falta de atividades).

— Sempre demos dinheiro demais (a culpa é do dinheiro).

— Aquela escola é muito liberal (a culpa é da escola).

Pior do que as defesas das mães e dos pais, quando expressam frases do tipo "nós damos de tudo para ele, nos esforçamos para que nada lhe falte", são os comportamentos hipócritas, o "faça o que eu digo, mas não faça o que eu faço". Vamos ver como isso se dá no âmbito das leis e dos códigos de moral e ética.

A hipocrisia social

Em dezembro de 1997, a OMS (Organização Mundial de Saúde) divulgou um relatório sobre as três drogas mais consumidas no mundo: álcool, tabaco e maconha. Esse relatório teve a sua divulgação protelada durante algum tempo, em razão das diversas tentativas, realizadas por governos, ONGs e outras entidades, no sentido de evitar a divulgação ou de incluir modificações no seu conteúdo. Modificações estas que pretendiam mutilar informações científicas em nome de valores sociais. O receio era de que as informações ali contidas pudessem incentivar a propagação do uso da maconha e até mesmo facilitar os caminhos para a liberação da droga.

Acontece que a OMS, entidade da ONU, reconhecida pela comunidade científica mundial, tem uma proposta de pesquisa baseada em valores na qual a política e idéias alheias a princípios científicos não têm espaço. A proposta é a divulgação pura e limpa dos resultados alcançados cientificamente. Questões sociais e culturais têm seu valor e devem ser consideradas, porém nunca à luz de manipulações de resultados cientificamente corretos e incontestáveis.

Os resultados desse estudo dão conta de que, das três drogas mais consumidas no mundo (álcool, tabaco e maconha), o álcool é, disparado, a mais nociva para a saúde humana, tanto na questão da dependência que causa quanto no seu efeito devastador à saúde. A segunda droga mais nociva das três é o tabaco, pela dependência química que causa a nicotina. E a maconha ficou em terceiro lugar (principalmente porque, até hoje, não foi claramente comprovado que o seu princípio ativo, o THC, cause a dependência química que se fala. Sabidamente, tanto uma quanto as outras oferecem riscos à saúde no que diz respeito à dependência psicológica e aos estragos orgânicos que causam).

A nossa preocupação no momento não é divulgar os efeitos do cigarro, da maconha e do álcool, esses assuntos já foram apresentados e têm sido amplamente divulgados na mídia e todos nós estamos ou deveríamos estar atualizados sobre o tema. Antes de tudo, estamos preocupados com a forma como a divulgação dessas drogas ocorrem no mundo todo. Pelos resultados da OMS sobre os critérios de liberação de drogas, por projeção, a maconha poderia estar exposta nas prateleiras de supermercados enquanto o cigarro tivesse sua comercialização restrita e controlada, e a cerveja, o vinho, o uísque e a cachaça proibidos e tratados como drogas ilícitas. Nesta realidade (da projeção sugerida), quem fosse pego bebendo ou transportando álcool seria preso e estigmatizado como viciado. Acontece que não é assim e ninguém dá uma explicação convincente. Ao contrário, enquanto alguns divulgam os "efeitos nocivos da maconha", outros enaltecem as "qualidades" das bebidas alcoólicas, haja vista os comerciais de cerveja na televisão. Somos inundados com estimulação

ao uso por propagandas que, ao final, atendendo às exigências do estado sugerem: "Beba com moderação".
Segundo a OMS, 1.5 bilhão de pessoas no mundo sofre de alcoolismo, contra 55 milhões de dependentes de drogas ilegais. Estudos recentes da Universidade da Califórnia e de outros pesquisadores americanos dão conta de que quanto mais cedo o jovem começa a beber, maiores são as conseqüências no futuro como deficiências na aprendizagem e na memória, falta de motivação, alarmante aumento na probabilidade de desenvolvimento de alcoolismo, comportamentos impulsivos e agressivos como brigas e acidentes de trânsito, por exemplo, e práticas sexuais sem proteção. Mesmo com toda essa informação, muitos pais ainda se preocupam somente com as drogas ilícitas.

Em abril de 1998, a revista *SuperInteressante* publicou, como matéria de capa, o referido relatório e trouxe ao público em geral a informação que até então estava restrita ao universo científico. Foi uma correria entre os jovens para adquirir um exemplar da revista, porque ali estava a explicação convincente tão procurada, finalmente um material destituído da hipocrisia até então divulgada. Pais ficaram assustados, afinal o seu aperitivo antes do almoço, seu vinho no jantar e a sua cervejinha de final de semana eram mais nocivos do que um cigarro de maconha possivelmente fumado pelo seu filho adolescente? Até então, o discurso era: "Meu filho pode beber e até fumar, mas "droga" eu não permito!" O que era isso? Um processo cognitivo, digerido e maduro? Ou uma máscara, uma interpretação hipócrita? Que resultados na relação com os filhos, nos dias de hoje, pode-se esperar dessas espécies de posturas?

Conclusão

Dá para compreender a distância cada vez maior dos filhos com os pais na nossa sociedade. O adolescente de hoje é bem informado, muitas vezes mais do que os pais, como já dissemos, e as posturas rígidas paternas são, em muitos casos, a causa principal da falta de comunicação entre pais e filhos. A este, resta, então, decidir sozinho se vai experimentar uma droga ou não. Isso justifica que pais fiquem extremamente surpresos quando descobrem que seu filho está fumando maconha: "É inacreditável, ele sempre teve tudo o que precisava!", dizem, sem se dar conta de o que o filho realmente precisava, não encontrou ali.

Uma reduzida capacidade de percepção das mudanças comportamentais dos filhos pode dificultar a prevenção. Sobre esse tema vamos apresentar informações aos pais e educadores para a identificação dos principais indícios no reconhecimento do uso de drogas:

- insônia rebelde;
- irritabilidade;
- inquietação motora;
- depressão;
- estado de angústia;
- queda brusca no rendimento escolar;
- mudança brusca de conduta;
- isolamento;
- mudanças de hábitos;
- presença de comprimidos, seringas, cigarros estranhos ou colírios entre os pertences do jovem;
- desaparecimento de dinheiro e objetos de valor da residência e incessante pedido de dinheiro;
- más companhias.

A revista *Veja*, na sua edição 1659, de 26 de julho de 2000, apresentou na sua matéria de capa "Maconha quase liberada", a manchete: "A questão não é mais saber se um jovem vai experimentar a erva. A pergunta é quando ele fará isso", sugerindo que o jovem vai experimentar a droga a qualquer momento, independentemente de toda restrição imposta. Isso também é um fato, o consumo da droga está sendo ampliado de forma alarmante em todas as classes sociais e culturais. Setecentas toneladas de maconha são consumidas todos os anos no Brasil e 50% dos jovens brasileiros já a experimentaram. Por outro lado, existem 22 milhões de fumantes no Brasil, dos quais 200 mil são mortos por ano por conta das conseqüências da nicotina.

Conclusão

O que fazer? Como lidar com essa imensa ameaça que assombra nossos filhos? Uma coisa nós sabemos: não pode ser pela via da ameaça e da punição. Como já mostramos, esse tipo de procedimento coercitivo propicia muito mais a cisão do que a coesão, não aproxima, ao contrário, afasta. O adolescente não confia em quem representa uma ameaça para ele, este acaba avaliando a pessoa como desinformada, "palha".

Só há um caminho: um vínculo estável construído mediante uma comunicação saudável, aberta e transparente com as crianças e os adolescentes. Trazer informações atualizadas e claras a respeito do uso de drogas, de todas as drogas, separar o "uso social de drogas" de "uso pesado de drogas", tentar olhar para o estigma maconha com menos receio, aprender que é resultado de um paradigma e dar a ela o mesmo valor atribuído ao álcool e ao cigarro. Nenhum dos três presta, todos são nocivos, e quando consumidos de forma descontrolada causam dependência, causam perdas orgânicas e psicológicas muitas vezes irreversíveis. O sistema não colabora? Incentiva a propaganda das drogas "lícitas"? Tudo bem, paciência, mas faça a sua parte, divida com seu filho as dúvidas e inseguranças dele, afinal, são suas também, esteja ao lado dele, sempre, você não é culpado (ainda). Informe-se, aprenda com profissionais sobre o assunto a ser discutido. Nunca entre naquela conversinha hipócrita de que experimentar maconha pode ser muito perigoso, mas que tomar um porre de cerveja de vez em quando não faz mal nenhum.

Tivemos um paciente que, à noite, preparava 20 baseados de maconha e os acondicionava em uma carteira *flip top* de cigarros comuns para fumá-los no dia seguinte! É claro que vivia "chapado". É o mesmo que tomar 20 latinhas de cerveja durante o dia todo. Isso é uso pesado de drogas e não deve ser confundido com o consumo de um baseado ou de uma latinha de cerveja à noite, após um dia de trabalho. Nós, pais e educadores, temos a obrigação de conhecer essas diferenças. Vamos deixar a hipocrisia para o Estado e preservar um saudável nível de comunicação com informação com nossos filhos. Bem informados saberemos, por exemplo, que "larica" é uma reação orgânica ao THC (princípio ativo da maconha), que desperta o apetite nos usuários da droga. Então deixaremos de "pagar mico" como uma mãe de um paciente usuário que dizia: "Meu filho não pode estar fumando maconha, veja, ele é saudável e se alimenta tão bem!".

Sobre o paciente dos 20 baseados diários, após um período de seis meses de terapia na qual os pais foram envolvidos (e deram mais trabalho do que o próprio adolescente usuário), ele já estava usando a droga socialmente, ou seja: fumando um "baseado" às vezes à noite, em casa no seu quarto, com a anuência dos pais. Alguns meses mais tarde, deixou voluntariamente o uso da maconha consciente do erro que havia cometido e das conseqüências que poderiam ocorrer caso não tomasse a decisão de buscar a ajuda terapêutica. Os pais, que no início do processo eram irredutíveis e só sabiam amea-

Conclusão

çar o filho e exigir, por conta do paradigma no qual viviam (como a maioria dos pais) de que o filho deixasse a droga imediatamente, por sua vez, ao final do processo, já eram voluntários em programas sociais de prevenção ao uso de drogas, nos quais proferiam palestras sobre as suas experiências com o filho. Nessas palestras, contaram-nos, o seu foco principal era a postura rígida dos pais em geral, a respeito da condução do processo do tratamento do filho. Relataram certa vez que uma mãe declarou em um desses encontros com pais de usuários, que ela mesma comprava a maconha para o filho. "Foi um murmúrio só", contaram, ilustrando a reprovação coletiva dos presentes. No entanto, ao final do discurso dessa mãe, no qual ela apontou para os riscos do filho adquirir a droga (o contato com o traficante) e do processo terapêutico em que estavam envolvidos, na confiança depositada no filho sobre o uso descontinuado e regressivo da droga, e dos resultados alcançados ao longo do tempo graças à sua atitude (o filho largara definitivamente da droga), foi compreendida e aplaudida de pé pelos presentes.

Acreditamos que, em situações como essas apresentadas, os pais são os grandes vitoriosos não só por terem participado do processo e ajudado o filho a largar de alguma droga, mas, principalmente, pelo vínculo que agora possuem com ele. Parece mágica, porém, após um processo desses, as alianças familiares se tornam quase que indestrutíveis.

Como se alcançam esses laços de confiança? A partir de muita informação, de flexibilidade, de humildade para buscar ajuda profissional, de determinação, de comunicação e, principalmente, de referência pessoal, ou seja, dos exemplos que se dão, como vimos. A estrutura familiar equilibrada ainda é a base de toda a educação dos filhos. Já disse Aristóteles: "O todo é mais do que a soma das partes". Não há intempéries para uma família unida na qual os membros se respeitam e cada qual tem o seu espaço e papel bem definidos, com as energias voltadas para a manutenção desse equilíbrio.

INFORMAÇÕES SOBRE NOSSAS PUBLICAÇÕES
E ÚLTIMOS LANÇAMENTOS

Visite nosso site:
www.novoseculo.com.br

NOVO SÉCULO EDITORA
Av. Aurora Soares Barbosa, 405
Vila Campesina – Osasco – SP
CEP 06023-010
Tel.: (11) 3699-7107
Fax: (11) 3699-7323
e-mail: atendimento@novoseculo.com.br

Ficha Técnica

Formato: 140 x 210 mm
Tipologia: Book Antiqua
Corpo: 12 pt
Entrelinha: 16,5 pt
Mancha: 104 x 170 mm
Total de páginas: 136